착하고 섬세하고 독특하고 완벽주의자인
당신을 위한 문장들

심리학자의
아포리즘 큐레이션

착하고
섬세하고
독특하고
완벽주의자인

당신을
위한
문장들

황준선 지음

21세기북스

프롤로그

"다 먹고살자고 하는 일이죠."

이 말, 요즘은 좀처럼 듣기 어려워졌습니다. 예전에는 서로의 사정을 잘 몰라도 "먹고살려고 그런 거야"라는 말 한마디면 많은 상황이 이해되곤 했습니다. 억울한 일을 겪어도 참을 수 있었고, 언젠가는 나도 그런 처지가 될 수 있겠다는 공감이 그 안에 담겨 있었지요. 그 시절에는, 정말로 '먹고사는 일' 자체가 버거웠으니까요.

하지만 지금은 다릅니다. 음식물 쓰레기를 처리하기 위해 수십만 원짜리 기계를 쓰는 시대입니다. 생활 수준은 세계적으로 손꼽힐 정도로 높아졌고, 배고픔을 걱정하는 사람도 눈에 띄게 줄었습니다. 그런데 왜 사람들은 여전히 힘들다고 말할까요?

이 책은 바로 그 질문에서 시작합니다. 굶지 않아도 되는 지금, 왜 삶은 무겁게만 느껴지는 걸까요? 이제 우리의 삶은 '먹고사는 문제'를 넘어 '무엇을 위해 사는가?'라는 물음으로 옮겨 가고 있습니다.

답을 찾기 위해 사람들을 만나고 이야기를 들어보니, 하나의 공통점을 발견할 수 있었습니다. 사람은 누구나 '자기만의 이유'로 힘들다는 것입니다.

누군가는 사람들 사이의 눈치를 너무 많이 봅니다. 싫다는 말을 못하고, 부탁을 거절하지 못하고, 누군가 불편해할까 봐 늘 조심합니다. 주변에서는 착한 사람, 사려 깊은 사람이라고 말하지만, 정작 본인은 속상합니다. "나는 왜 늘 이렇게 참기만 할까?" 그런 마음이 쌓이면 어느 순간 인간관계 자체가 버겁게 느껴집니다.

또 어떤 사람은 별일 아닌 일에도 쉽게 긴장하고 걱정이 많습니다. 머릿속은 언제나 '혹시'라는 말로 가득합니다. 혹시 실수하면 어쩌지, 혹시 사람들이 나를 이상하게 보면 어쩌지. 이런 사람들은 스스로를 예민해서 피곤한 성격이라고 생각하곤 합니다.

어떤 사람은 호기심이 많습니다. 남들이 가지 않는 길을 궁금해하고, 정해진 틀보다는 뭔가 색다른 것을 꿈꿉니다. 이런 사람은 회사에서 '튀는 사람'으로 평가 받거나 집중력이 부족하다는 말을 듣기도 합니다.

또 어떤 사람은 항상 계획을 세웁니다. 미리 준비하고, 실수를 예측하고, 맡은 일은 책임지고 끝까지 해냅니다. 그러다 어느 순간 자신이 세운 계획에 압도되어 속으로 생각합니다. '왜 나만 이렇게 열심히 하지?'

이처럼 사람마다 고민은 전혀 달라 보이지만, 심리학적으로 들여다보면 모두 '자신의 성향'과 연결되어 있습니다. 자꾸 다른 사람 눈치를 보는 것도, 사소한 일에 쉽게 불안해지는 것도, 새로운 것에 끌리는 것도, 지나치게 열심히 하는 것도 다 내 안에 있는 성향이 만든 풍경입니다.

그리고 중요한 건, 그 성향은 바꿔야 할 문제가 아니라 이해하고 다뤄야 할 도구라는 사실입니다. 예민하다는 건 결국 섬세하다는 뜻이고, 새로운 것을 좋아하는 성향은 창의력이라는 무기가 되며, 조심성은 단점이 아니라 능력입니다. 노력과 헌신은 귀중한 자산이고, 타인을 먼저 생각하는 건 존경받을 일입니다. 문제는 그 도구를 어떻게 사용하느냐입니다.

그래서인지 '유명인의 말'에 기대는 사람들이 늘었습니다. '그 사람은 존경받으며 살았으니, 그의 말대로 살면 내 삶도 나아지지 않을까?' 하는 기대에서 말이죠. 하지만 훌륭한 말이라도 맥락 없이 나열하면 그 의미는 쉽게 퇴색되고 힘을 잃습니다. 아무리 좋은 음식들이라도 무작정 섞어놓으면 오히려 엉망이 되는 것처럼요.

결국, 어떤 유명인의 말이나 통찰도 내 인생의 맥락에 맞는 적절한 방식으로 전달되어야 비로소 온전히 이해되고, 마음 깊이 스며들 수 있습니다. 이처럼 맥락을 섬세하게 읽고, '적절한 순간에, 적절한 메시지를, 적절한 방식으로' 소화할 때, 그 말에 담긴 의미가 비로소 진정한 울림을 주는 통찰이 됩니다.

심리학은 질문을 통해 메시지를 더 깊고 효과적으로 전달하는 데 도움을 줍니다. 개인의 성향과 심리적 배경을 이해함으로써, 상황에 맞게 전달 방식을 조절할 수 있도록 돕지요. 요즘을 사는 우리의 고민에 공감하고 그것을 해소하는 데 도움이 되고자 나다운 삶, 행복한 삶의 실마리가 되어 줄 문장들을 선별해 4개의 장으로 갈무리했습니다. 단순한 위로가 아니라 심리학자로서 우리가 그런 고민을 겪는 심리적 이유와 도움이 되는 해결책을 제시하고자 합니다.

이 책을 통해 여러분의 상황과 마음에 꼭 맞는 한 문장을, 가장 필요한 순간에 건네고자 합니다. 당신의 삶이 더 당신답게 설계되기 위한 출발점이 되길 바라며, 여러분의 삶에 선물 같은 책이 되길 바랍니다.

004 프롤로그

1장
좋은 사람이 되려다 나를 잃지 않도록

- 015 다른 이가 만들어 준 길을 걸으면, 그 길 끝에 나 자신은 없다
  조지프 캠벨
- 025 남에게 대접받고 싶은 만큼 남을 대접하라
  황금률
- 033 우리에게는 두 선택지가 있다. 성장을 위해 나아가거나, 안전을 위해 물러서는 것
  에이브러햄 매슬로우
- 041 우리는 남과 같아지기 위해 인생의 4분의 3을 희생하고 있다
  아르투어 쇼펜하우어
- 047 활동과 성취를 혼동하지 마라
  존 우든
- 053 모두가 같은 방향으로 생각한다면, 실은 아무도 제대로 생각하지 않는 것이다
  월터 리프먼
- 059 현명한 사람을 보면 그와 같아지려 하고, 그러지 못한 사람을 보면 스스로를 돌아보라
  공자
- 064 **심리학자의 한 마디**
  곁에 두고 싶은 사람은 예의 바른 사람이 아니라, 공감해 주는 사람

2장

불안과 두려움이 나를 삼키지 않도록

069 나 자신을 있는 그대로 받아들일 때 비로소 변화할 수 있다
칼 로저스

075 용기란 두려움이 없는 것이 아니라 두려워도 행동하는 것이다
마크 트웨인

081 고통을 두려워하는 사람은 벌써 그 두려움에 고통받고 있다
미셸 드 몽테뉴

089 인생에는 두 가지 실수가 있다. 첫째는 시작하지 않는 것, 둘째는 끝내지 않는 것이다
파울로 코엘료

095 소심한 부탁은 거절을 부를 뿐이다
세네카

103 하루를 축복 속에서 보내고 싶다면 아침에 일어나 걸어라
헨리 데이비드 소로

107 안정은 자신을 잘 다스리는 사람을 곁에 두는 데서 시작된다
해리 할로우

114 **심리학자의 한 마디**
속이 단단한 나무는 햇빛이 적고 눈보라가 몰아치는 곳에서 자란다

3장

세상의 시선에 굴복하지 않도록

119 산다는 것은, 삶에 의미를 부여하는 것이다
빅터 프랭클

127 무언가를 열렬히 원한다면 그것을 위해 전부를 걸 배짱을 가져라
브렌던 비언

133 진정한 창의성은 자기 분야의 기술을 통달한 뒤에야 얻을 수 있다
미하이 칙센트미하이

141 높은 것만을 칭찬하지 말라. 평야도 언덕과 마찬가지로 영원하다
필립 베일리

147 여행이란 장소가 아니라 생각과 편견을 바꾸는 일이다
아나톨 프랑스

155 나는 내가 추구하는 것, 그 자체다
고든 올포트

161 중요한 일을 하는 사람은 중요하지 않은 사람으로 취급받는 것을 두려워하지 않는다
알프레드 아들러

168 **심리학자의 한 마디**
입으로만 떠들지 말고 결과로 증명하라

4장

완벽을 갈망하다 권태에 빠지지 않도록

---

173   우리는 미래를 생각하기 때문이 아니라 미래를 내 맘대로 조종하고 싶기 때문에 불안하다
         칼릴 지브란

181   쉼은 아무것도 하지 않는 것이 아니라 무엇이든 할 수 있는 자유다
         플로이드 델

189   여행의 목적은 그곳으로의 도착이 아니라 여행 그 자체다
         요한 볼프강 폰 괴테

197   완벽을 향해 아무리 노력해도, 그 결과는 놀라울 정도로 다양하게 불완전하다
         사무엘 맥코드 크로더스

203   예술은 삶을 의미 있게 만들어 주는 신비한 힘이다
         존 로크

211   지옥으로 가는 길은 선의로 포장되어 있다
         서양 속담

218   **심리학자의 한 마디**
         잘해야만 한다는 생각은 강박, 잘하고 싶은 마음은 강점

220   에필로그

223   참고문헌

좋은 사람이 되려다
나를 잃지 않도록

If you follow someone else's way,
you are not going to realize your potential.

– Joseph Campbell

어릴 적, 커서 무엇이 되고 싶냐는 질문을 받으면 위대한 과학자, 멋진 발명가, 우주비행사나 화가같은 거창한 꿈을 늘어놓곤 했다. 하지만 그 꿈들은 어느새 조용히 자취를 감추고, 남들처럼 '안정적인 직업', '평균 이상의 연봉', '남들보다 앞서는 삶'처럼 세속적인 목표가 그 자리를 채운다. 남들이 말하는 '성공 루트'를 따르기 시작하는 것이다. 역설적이게도, 그렇게 정답을 따라간 끝에 마주하는 것은 '평범하게 사는 것조차 버거운 세상'이다. 진짜 나답게 사는 길은 어쩌면, 남의 방식이 아닌 '내가 믿는 방식'으로 세상을 향해 나아갈 때 비로소 열리는 것이 아닐까.

> "다른 이가 만들어 준 길을 걸으면,
> 그 길 끝에 나 자신은 없다."
>
> –조지프 캠벨(미국의 비교신화학자)–

피곤한 아침 출근길, 습관처럼 SNS를 켠다. 월급만으로는 먹고살기 어렵다며 친구들과 나눈 어제의 한탄 때문일까? 부업으로 월급보다 더 많은 돈을 벌었다는 게시물들이 자꾸 눈에 들어온다. 그뿐만이 아니다. 대학 동창 하나는 보디 프로필을 준비하고, 회사 동료는 주식 공부를 시작했으며, 친한 동생은 독서 모임에 참여하고 있다. 그런 화면을 바라보는 내 손엔 대용량 아이스 아메리카노 한 잔뿐. 문득 나만 멈춰 있는 듯한 불안감이 밀려온다. 몽롱하던 정신은 또렷해지고, 집과 회사만을 오가는 쳇바퀴 같은 생활에서 벗어나야겠다는 압박감에 마음이 조급해진다. 결국 남들처럼 뭐라도 해야 할 것 같아 충동적으로 온라인 영어 회화 회원권을 결제하고야

만다.

위 이야기에 공감했다면, 당신은 주변 사람들에게 사려 깊고 친절한 사람으로 보이길 원하며, 안정적이고 무난한 삶을 추구하는 성향일 것이다. 대체로 남들과 비슷한 모습을 유지하는 데서 안정감을 느끼고, 그 안에서 정체성을 찾으려 하며, 집단의 흐름에서 벗어나지 않으려 한다. 다양한 의견에 귀를 기울이고 정보를 모으며 나름대로 잘 살기 위해 애쓰지만, 남들처럼 노력할수록 만족감은 줄어들고 마음의 공허함은 더 커진다. 왜일까? 무의식적으로 남들과 비슷한 고민을 하고, 비슷한 삶을 살기 위해 노력하면서도 그것이 정말 내가 원하는 것인지, 나에게 필요한 고민인지 스스로 묻지 않기 때문이다.

누구나 부유해지길 바라지만, '무엇을 위해', '어떤 삶을 살기 위해'인지는 깊이 따지지 않는다. 더 나은 삶을 위해 고민한다고 믿지만, 진짜 필요한 고민이 무엇인지조차 알지 못하는 사람이 대부분이다. 남들을 따라가며 '가짜 고민'을 해결하려 애쓰다 보면 맞지 않는 옷을 입은 듯 어색하고 불편하다. 비슷한 문제가 반복될수록 공허함과 불안감은 깊어진다.

이 악순환의 근본 원인은 내면을 제대로 들여다보지 않은 채 외부의 기대와 기준을 무비판적으로 받아들이는 데 있다.

남에게 그저 '좋은 사람'으로 보이려 애쓸 뿐, 정작 자신의 감정과 욕구는 외면한 채 살아간다. 그러나 진정한 문제 해결은 타인의 시선에서 시작되지 않는다. 그것은 내가 진심으로 원하는 것, 나만의 가치와 의미를 찾아가는 데서 비롯된다.

사회적 정체성: 우리는 왜 집단의 감정을 내 것처럼 받아들일까?

심리학자 헨리 타지펠Henri Tajfel과 존 터너John Turner는 '사회 정체성 이론Social Identity Theory'을 통해, 사람들이 자신이 속한 집단에서 사회적 정체성을 형성한다고 설명했다. 회사에 불만이 많은 사람들과 자주 어울리다 보면 원래 직장 생활에 만족하던 사람도 비슷한 불만을 갖게 되듯, 주변의 분위기와 타인의 감정은 개인의 생각과 태도에 영향을 준다는 것이다.

사회 정체성과 유사한 개념으로 '동조Conformity'가 있다. 심리학자 솔로몬 애쉬Solomon Asch는 실험을 통해, 개인은 자신만의 의견이 있어도 집단과 다른 선택을 해야 할 때, 자신의 판단보다는 다수의 의견을 따르는 경향이 있다는 사실을 밝혔다. 이는 '집단에 속해 있다는 감각'이 때때로 '자신의 판단'을 넘어설 수 있음을 보여 준다.

이러한 현상을 확인하기 위해 실시된 실험에서 참가자는 시각적 인식에 관한 실험에 참여한다는 안내를 받았다. 50명의 대학생이 참여했으며, 그룹 당 7~9명으로 구성되었다. 그러나 참가자 한 명만이 실험 대상이고 나머지는 모두 실험자의 지시에 따라 행동하는 공모자였다. 참가자들은 두 장의 카드를 받았다. 한 장에는 기준선이, 다른 한 장에는 길이가 다른 세 개의 선(A, B, C)이 그려져 있었다. 참가자들은 기준선과 가장 비슷한 길이의 선을 고르는 과제를 수행했다. 응답은 순서대로 진행되었으며, 실제 참가자는 주로 마지막에 배치되었다.

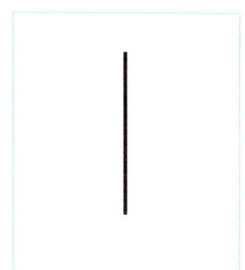 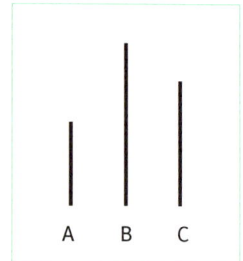

[애쉬의 실험에서 참가자가 받은 카드]

초반에는 공모자들이 모두 정답을 선택했지만, 이후부터는 실험자의 지시에 따라 의도적으로 틀린 답을 고르며 참가자의 반응을 관찰했다. 예를 들어, 정답이 명백히 'B'임에도 공모자들이 모두 'C'를 선택하면, 실제 참가자가 집단의 압력 속에서 어떤 선택을 하는지를 관찰하는 것이 실험의 핵심이었다.

결과는 인상적이었다. 전체 참가자의 약 75퍼센트가 최소한 번 이상 조작된 집단의 오답에 동조했으며, 평균적으로 약 33퍼센트는 정답이 아닌 것을 알면서도 집단의 압력에 따라 오답을 선택했다. 반면, 참가자가 혼자 응답했을 때의 정답률은 거의 100퍼센트에 달했다. 이는 다수의 의견이 틀렸다는 확신이 있어도 집단 속에서는 판단을 굽히고 동조하게 되는 심리적 압박이 얼마나 강력한지를 보여 준다. 혼자서 다른 의견을 내는 일은 생각보다 어렵다.

이러한 동조 행동은 직장 생활이나 대인 관계 등 일상에서 자주 경험할 수 있다. 주변 사람들이 고민을 털어놓기 시작하면 나도 그 감정을 느끼게 되고, 때로는 그것이 내 고민인 것처럼 착각하기도 한다. 심지어 이제부터라도 그런 고민을 해야만 할 것 같은 압박감을 느낄 때도 있다. 이처럼 주변의 공통된 감정을 내 것으로 받아들이는 것은 자연스러운 심리적 반응이다. 문제는, 그 과정에서 내가 느끼는 감정과 행동이 진짜 내 것인지, 아니면 집단 분위기와 감정에 영향을 받은 결과인지 구분하기 어렵다는 점이다.

다른 이의 길 대신 가려진 '나의 길'을 찾자

지금 하고 있는 고민이 진짜 내게 필요한 것인지 의문이 든다면, 다음 체크리스트를 확인해 보자.

	질문	예	아니오
	A. 현재 겪고 있는 고민에 관한 질문		
1	혼자 있을 때도 계속 생각하는 고민인가?		
2	이 고민을 해결하고 싶은 이유가 분명히 있는가?		
3	고민을 해결하기 위해 작은 시도라도 해 본 적이 있는가?		
4	남에게 고민을 말할 때 진지한 태도로 임하는가?		
5	고민을 해결하면 내가 원하는 삶에 더 가까워질 수 있는가?		
	B. 평소 자신의 성격에 관한 질문		
1	혼자보다 여러 사람과 함께 하는 일을 선호하는 편이다.		
2	주변 사람에게 안부를 자주 묻는다.		
3	남의 이야기를 주로 듣는 편이다.		
4	논쟁을 피하려고 노력하는 편이다.		
5	때때로 타인에게 냉정한 태도를 보인다.		

A 질문 중 3개 이상에 '아니요'라고 답하고, B 질문 중 3개 이상에 '예'라고 답했다면 지금 당신의 고민은 자기 내면보다 타인의 영향을 받은 것일 가능성이 높다. 특히 주변 사람들과의 관계를 중요하게 여기고, 타인의 감정에 민감하며 공감 능력이 높은 사람일수록 이런 경향이 두드러진다. 이런 사람일수록 자신과 타인의 감정의 경계를 명확하게 구분하고, 감정과 선택의 근원을 점검할 필요가 있다.

"다른 이가 만들어 준 길을 걸으면, 그 길 끝에 나 자신은 없다"라는 조지프 캠벨의 말은 사람들이 흔히 옳다고 믿는 길, 즉 성공과 행복의 조건이라 여기며 무작정 따르는 삶의 방향을 경계하라는 뜻일 것이다. 많은 사람이 걷는 길이라고 해서 '나에게도 옳은 길'은 아닐 수 있기 때문이다. 그러려면 무엇보다 자신에게 솔직해야 한다. 지금 이 순간, 스스로에게 다음과 같은 질문을 던져 보자.

- 내가 가장 즐거웠던 순간은 언제였는가?
- 최근에 성취감을 느꼈던 일은 무엇이었는가?
- 시간 가는 줄 모르고 몰입하는 일은 무엇인가?
- 내 삶에서 가장 큰 의미를 주는 일은 무엇인가?
- 새로운 기회가 주어진다면, 어떤 일을 해 보고 싶은가?

이 질문을 통해 자신을 더 깊이 이해하고, 자신만의 핵심 가치를 발견해야 한다. 물론 그 과정은 결코 쉽지 않다. 때로는 막막하고 두렵기도 하며, 어떤 선택 앞에서는 한없이 망설이게 될 것이다. 유튜브 광고를 넘기듯 가볍게 지나칠 수도 없는 일이다. 그래도 포기하지 말자. 우리 모두에게는 저마다의 방식으로 행복에 이르는 길이 반드시 존재한다. 내가 추구하는 행복에 너무 늦게 도달할까, 혹은 엉뚱한 방향으로 가고 있는 것은 아닐까 두려워할 필요도 없다. 누군가는 행복이 방향이냐 속도이냐를 따지지만, 가장 중요한 본질은 그 목적지를 누가 정했느냐는 것이다. 행복의 방향과 속도 역시 타인이 아닌, 오롯이 내가 결정해야 한다. 아무리 완벽한 길이었다 하더라도, 그 선택의 주체가 내가 아니었다면 결국 남는 것은 다른 길을 걷지 못한 찝찝한 아쉬움과 씁쓸한 후회뿐이다.

앞으로도 세상은 당신에게 수많은 길을 제시할 것이다. 그중에는 누군가 미리 닦아 놓은 길도 있다. 성공이나 행복이 보장된 것처럼 보이겠지만 그 길은 어디까지나 그 사람의 것이다. 내가 그 길을 걷는다고 해서 같은 성취와 만족감을 얻을 수 있다는 보장도 없다. 설령 운이 좋아 같은 목적지에 도달하더라도 그 과정에서 나를 잃는다면 아무 의미가 없다. 진짜 '나의 길'은 누군가 대신 만들어 줄 수 없다. 내가 직접 선택하고 걸을 때 비로소 진정한 의미를 갖는다.

결국 의미 있는 삶은 자신을 향한 질문에서 출발한다. 내가 진정 원하는 삶은 무엇인지, 무엇을 할 때 가장 행복한지, 지금 내 길을 걷고 있는지, 끊임없이 자신에게 묻고 답을 찾아야 한다. 삶의 가치는 세상에 내세울 만한 특별한 성취나 타인의 인정을 받아야만 높아지는 것이 아니다. 그 삶이 누구의 것이며, 살아가는 당사자에게 어떤 의미를 지니는가에 따라 결정될 뿐이다.

Do unto others as you would have them do unto you.

– Golden Rule

우리는 사회가 만들어 놓은 환경 속에서 자연스럽게 '좋은 사람'이 되기를 기대받는다. 다른 사람과의 갈등을 피하고 원만한 관계를 유지하며 부드러운 태도를 보이는 것이 미덕으로 여겨진다. 그러나 그렇게 살아갈수록 마음 한편에 공허함이 스며든다. 사회적 기대에 맞추기 위해 맺은 관계가 늘어날수록 그 관계가 진짜 유대인지, 아니면 그저 표면적인 연결인지 의문이 들기 시작한다.

> "남에게 대접받고 싶은 만큼
> 남을 대접하라."
>
> -황금률(인류의 수많은 문화, 종교에서의 보편적 원칙)-

며칠 전, 야근 중인 동료가 유난히 지쳐 보였다. 도와줄까 고민했지만, '괜히 나섰다가 내 일만 늘어나는 건 아닐까', '이 사람과 가까워진다고 해서 내게 무슨 의미가 있을까' 하는 생각이 먼저 들었다. 고민하는 사이, 진심으로 도움을 주고도 오히려 상처를 받았던 예전 기억이 스멀스멀 떠올랐다. 결국 내 할 일이나 신경 써야겠다 싶어 다시 자리로 돌아갔다.

언젠가부터 친절과 배려에도 계산이 뒤따르고, 감정 표현은 신중히 조율해야 하는 일이 되었다. 진심은 감추고 일정한 거리를 두며 관계를 유지하는 것이 더 현명한 방법처럼 여겨진다. 하지만 그런 관계 속에서 우리는 점점 더 외로워진다.

누군가와 가까워지고 싶어도, 먼저 마음을 주었다가 상처받을까 두려워 망설이는 사람이 많다. 호의를 베풀었다가 실망하거나 상처받은 경험이 있다면, 비슷한 상황에서 조심스럽게 행동하게 되는 건 당연한 일이다. 먼저 다가갔지만 상대가 마음을 주지 않았던 기억, 애써 도왔지만 제대로 된 인사조차 받지 못했던 순간들은 마음속에 견고한 벽을 만든다. 다시는 그런 상황을 겪고 싶지 않기에, 우리는 마음을 감춘 채 거리를 둔다.

'이번에도 나만 진심이면 어떡하지?'

'괜히 나섰다가 오히려 내 일만 늘어나면 어쩌지?'

그런데 인간관계에서 내가 준 만큼, 혹은 그 이상을 돌려받기를 기대하며 방어적인 태도를 취하는 것이 과연 나를 지키는 길일까?

호혜성의 원칙과 사회적 교환 이론: 내가 행동한 대로, 행동한 만큼 돌아온다

사회심리학에서 말하는 '호혜성의 원칙*Reciprocity Principle*'은, 사람들이 누군가에게서 호의를 받으면 이를 되갚으려 한다는 개념이다. 우리는 주고받는 관계에서 균형이 유지되어야 한다고 여기며, 그 균형이 깨지면 불편함을 느낀다. 이 원리는 인간관계의 기본 규칙으로 작용하며, 개인적 관계를 넘어 직장, 사회, 비즈니스 환경에서도 적용된다.

예를 들어, 누군가가 내게 친절을 베풀면 나도 친절을 베풀고 싶어진다. 반대로 누군가가 나를 무시하거나 차갑게 대하면, 나 역시 심리적 거리를 두게 된다. 이런 반응은 우리가 관계를 맺고 유지하는 방식에 작용하며, 때로는 무의식적으로 행동을 좌우하기도 한다.

1971년, 코넬 대학교 심리학 교수 데니스 리건*Dennis Regan*이 진행한 실험은 호혜성의 원칙이 인간 행동에 얼마나 강하게 작용하는지를 보여 주는 대표적 사례로 꼽힌다. 실험에 참여한 대학생들은 한 명씩 실험실에 들어가 '조*Joe*'라는 실험 조력자와 함께 미술 작품을 감상하고 평가하는 과제를 수행했다. 그러나 실험의 핵심은, 실험 도중 '조'가 베푸는 호의에 따라 실험 참가자들이 어떻게 반응하는지를 관찰하는 데 있었다.

참가자들은 두 그룹으로 나뉘었다. 한 그룹에서는 실험 중 조가 자리를 비웠다가 돌아오며 참가자에게 콜라 한 병을 건넸다. 그는 "자판기에서 콜라를 샀는데, 네 것도 하나 가져

왔어"라며 대가 없이 호의를 보였다. 다른 그룹에서는 조가 별다른 행동 없이 과제에만 집중했다. 실험이 끝난 뒤, 조는 참가자에게 복권을 사달라고 요청했다. "이 복권을 팔아야 해서 그런데, 한 장만 사줄 수 있어?"라고 부탁한 것이다. 연구진은 이때 참가자들의 반응을 관찰했다.

결과는 뚜렷했다. 콜라를 받은 참가자들은 받지 않은 이들보다 약 두 배 더 많은 복권을 구매했다. 복권의 가격이 콜라보다 훨씬 비쌌음에도, 참가자들은 받은 호의에 보답해야 한다는 심리적 압박을 느꼈다. 조에 대한 인간적인 호불호와 무관하게, '호의를 받았다'는 사실만으로 반응은 달라졌다.

이 실험은 단순한 호의가 얼마나 강력한 심리적 영향을 줄 수 있는지를 보여 준다. 여기서 한 걸음 더 생각해 볼 지점이 있다. 바로 호의가 '어떻게 주어지느냐'에 따라 되돌아오는 반응이 달라진다는 점이다. 인간관계에서 '주는 만큼 받는다'는 원칙은 단순해 보이지만, 그 안에는 섬세한 심리적 메커니즘이 숨어 있다.

진심이 담긴 친절은 사람의 마음을 움직이고 깊은 관계로 이어지지만, 형식적인 친절은 형식적인 반응으로 돌아올 뿐이다. 결국 관계의 질은 '무엇을 주었는가'보다 '어떤 마음으로 주었는가'에 달려 있다. 사람은 기본적으로 받은 만큼 돌려주려는 성향이 있지만, 동시에 상대의 태도와 의도를 민감하게 읽고, 그에 따라 반응을 결정하기 때문이다.

공허한 관계를 채우는 방법 : 눈치가 아닌 진심으로

　공허한 관계는 눈치나 처세로 해결되지 않는다. 진정 중요한 것은 진심을 담아 행동하는 태도다. 사람들 대부분은 분위기를 살피며 적당히 처신하고, 손해 보거나 상처받지 않기 위해 관계의 거리를 조절한다. 하지만 모든 관계를 이런 방식으로 이어 간다면 주변 사람들 역시 갈등을 피하기 위해 필요한 말과 행동만 선택하게 된다. 결국 서로 적당한 거리만 유지한 채, 겉으론 원만하지만 속은 허전한 관계를 맺게 되는 것이다.

　심리적으로 더 가까운 관계를 맺고 싶다면 보다 능동적으로 타인에게 관심을 갖고 배려하는 태도가 필요하다. 그것은 떠밀려 맺는 관계가 아니라, 진심이 담긴 자발적 선택이어야 한다. 그렇게 마음을 다해 다가설 때 호혜성의 원칙은 단순한 교환을 넘어 신뢰와 연결로 작동하고, 그 진심은 주변 사람들에게도 전해져 더 진정성 있는 마음으로 돌아오게 된다.

여기서 중요한 점은, 모든 사람에게 같은 친절을 베풀 필요는 없다는 것이다. 모두에게 친절을 베푼다면, 겉보기에는 관계가 원만해 보이겠지만 실제로는 여전히 피상적인 연결에 머물 수 있다. 모든 관계에 똑같이 마음을 쓰면 정작 중요한 관계에 쏟을 진심의 깊이는 얕아질 수밖에 없기 때문이다. 그렇기에 진심을 다할 사람과 그렇지 않은 사람을 구분하는 일은 건강한 인간관계에 꼭 필요한 전략이다. 진심을 담아 행동하되, 그 진심을 어디에, 누구에게 쓸지를 신중하게 선택하는 것. 그것이 공허한 관계를 채우고 나를 지키는 가장 현명한 방법이다.

주는 만큼 받지 못해도 서운해하지 말아야 할 이유

주는 만큼 돌려받는다고 해도, 그 결과가 반드시 내 기대에 부합하는 것은 아니다. 그렇다고 서운해할 필요는 없다. 인간관계는 수학 공식처럼 정확한 1:1 대응으로 작동하지 않기 때문이다. 때로는 준 것보다 적게 돌아올 수 있고, 반대로 더 많이 받을 수도 있다. 어쩌면 상대는 오히려 최선을 다해 보답했다고 생각할지도 모른다. 중요한 것은 내가 무엇을 기대했는지가 아니라, '그 관계가 나에게 어떤 의미를 가지는가'이다. 그러니 준 만큼 받지 못했다고 억울해하지 말자. 관계를 이어 갈지 말지는 어디까지나 나의 선택이며, 그 선택의 권리는 상대에게도 똑같이 주어져 있다. 아무리 최선을 다해도 상대가 만족하지 않을 수 있고, 반대로 내가 더 이상 그 관계를 원하지 않을 수도 있다.

많은 문화와 종교가 이야기하는 황금률, 심리학에서 설명하는 호혜성은 인간관계를 이해하는 데 유용한 기준임은 분명하다. 그러나 이것이 모든 관계를 지속하게 만드는 절대적 법칙은 아니다. 관계는 균형의 문제가 아니라 선택의 문제다. 내가 주고받는 것에 대해 어떤 감정을 느끼는지가 더 중요하다. 주는 것이 아깝다면 놓아도 되고, 기대만큼 돌려받지 못해도 마음이 머문다면 그 자체로 관계를 이어 갈 이유가 된다. 인간관계는 계산으로 유지되는 것이 아니라, 서로가 머물고 싶다는 의지와 진심 위에 쌓이는 것이다.

In any given moment, we have two options: to step forward into growth or to step back into safety.

− Abraham Maslow

요즘 가장 원하는 것이 무엇이냐 묻는다면 많은 사람이 '안정'을 꼽을 것이다. 그래서 안정적인 직장, 예측 가능한 미래, 화목한 가정을 삶의 목표로 삼는다. 하지만 정작 '안정'이 무엇을 의미하는지 깊이 들여다보는 사람은 많지 않다.

안정적인 삶을 유지하려는 선택이 오히려 성장을 가로막는 장애물이 되기도 한다. 변화보다 익숙함을 택하고, 도전보다 예측 가능한 루틴을 반복하는 삶은 나를 제자리에 머물게 할 뿐 아니라, 시간이 지날수록 아래로 끌어내리기도 한다.

> "우리에게는 두 선택지가 있다.
> 성장을 위해 나아가거나,
> 안전을 위해 물러서는 것."
>
> -에이브러햄 매슬로우(미국의 심리학자)-

불안정한 시대를 살아가는 우리는 누구나 안정된 삶을 원한다. 그래서 안정적인 직장, 예측 가능한 미래, 평온한 일상을 인생의 목표로 삼는다. 그런데 우리가 말하는 '안정'이란 과연 무엇일까? 누군가는 경제적 풍요를, 또 누군가는 감정의 평온이나 삶의 방향에 대한 확신을 떠올릴 것이다. 문제는 '안정'이 구체적인 실체가 아님에도, 많은 사람이 그것을 반드시 도달해야 할 목표처럼 여긴다는 점이다.

우리는 종종 변화 없는 상태를 안정이라 착각한 채 판단을 유예하고, 결정을 미루며 살아간다. 그러나 그렇게 피하고 미룬 끝에 찾아오는 것은 안정이 아니라 더 깊은 불안이다. 안정에 도달하고 싶다면, 먼저 그것의 의미부터 다시 정의해야 한다. 안정이란 무엇이며, 우리는 어떤 방식으로 거기에 이를 수 있을까? 안정이란 현실에 안주하는 상태일까, 아니면 변화 속에서도 흔들리지 않는 내면의 상태일까?

매슬로우의 욕구 5단계 이론으로 바라본 한국 사회

매슬로우는 인간이 본능적으로 더 높은 차원의 욕구를 향해 나아가며, 자신의 잠재력을 실현하려는 존재라고 보았다. 그는 아인슈타인, 루스벨트 같은 인물들을 분석하며, 인간에게는 창조성과 성장 가능성이 본질적으로 내재되어 있다고 주장했다. 이를 바탕으로 그는 인간의 동기를 설명하는 '욕구 위계 이론 *Hierarchy of Needs*'을 제시했다.

① 생리적 욕구

가장 기본적인 욕구로, 음식, 물, 공기, 수면, 성적 충족 등 생존에 필수적인 요소가 포함된다. 이 욕구가 충족되면 인간은 1차원적인 안전감을 느낀다. 한국과 같은 선진국에서는 이러한 욕구가 비교적 쉽게 충족되는 환경이 조성되어 있어, 생존 자체를 위협받는 경우는 드물다.

② 안전 욕구

신체적, 정서적, 경제적 안전을 추구하는 욕구다. 직장의 안정성, 건강관리, 질병 예방, 주거 보장 등이 이에 해당한다. 우리나라의 경우 의료 시스템과 치안 수준은 높지만, 청년층의 고용 불안과 주거 문제는 여전히 이 욕구를 위협한다.

③ 사회적 욕구

가족, 친구, 연인 등과의 관계를 통해 소속감을 느끼고자 하는 욕구다. 친밀한 관계 형성, 공동체 참여, 사회적 유대감 등이 여기에 포함된다. 한국 사회에서는 결혼과 가정 외에도 동호회, 온라인 커뮤니티 등 다양한 방식으로 욕구를 대체하거나 확장한다. 그러나 고립감과 관계 단절을 호소하는 사람들이 늘고 있다는 점은 주목할 만하다.

④ 존중 욕구

자신의 가치를 인정받고 타인으로부터 존중받고자 하는 욕구다. 자신감, 자율성, 성취감은 물론 사회적 인정, 명예, 지위 등이 여기에 포함된다. 과거에는 명문대 진학, 대기업 취업, 승진 등이 이러한 욕구를 채우는 방식이었으나 오늘날에는 이를 물질적 소유로 해소하려는 경향이 뚜렷하다.

⑤ **자아실현 욕구**

자신의 잠재력을 실현하고, 의미 있는 삶을 추구하려는 욕구다. 자아 표현, 가치 탐색, 삶의 목적 설정 등이 이에 해당한다. 한국에서는 예술이나 창업, 철학, 사회적 기여 등을 통해 이 욕구가 드러난다. 다만, 보여지는 것이 중시되는 사회에서는 이러한 욕구가 실용적이지 않거나 사치스러운 것으로 여겨지는 경향이 있다.

매슬로우의 욕구 위계 이론은 여전히 중요한 시사점을 제공한다. 우리 사회에서는 생리적·안전 욕구는 비교적 잘 충족되지만, 그 이후 단계인 사회적 소속감, 존중, 자아실현의 욕구는 오히려 더 큰 갈등과 혼란을 일으킨다. 특히 사회적 인정과 체면을 중시하는 문화에서는 실패에 대한 두려움과 타인의 시선을 의식하는 경향이 커져, 새로운 도전을 망설이게 된다. 이로 인해 자아실현에 대한 갈망은 '여유 있는 사람의 전유물'로 여겨진다. 그러나 매슬로우가 강조했듯, 인간다움은 바로 그 자아실현의 과정에 있다. 더 나은 가능성을 향한 열망은 사치가 아니라 인간의 본능이자 본질이다.

안정이라 쓰고 뒷걸음질이라 읽는다

매슬로우의 욕구 5단계는 반드시 순차적으로 진행되거나, 하나의 욕구가 완전히 충족되어야 다음으로 넘어가는 고정된 구조가 아니다. 인간은 여러 욕구를 동시에 경험하며, 각기 다른 방식으로 충족하려 한다. 우리는 욕구를 채우기 위해 끊임없이 움직이며, 늘 '안정'과 '도전' 사이에서 선택을 한다.

안정을 선택하는 사람은 현재의 단계를 유지하려 하거나, 이미 충족했던 이전 단계로 돌아가 심리적 균형을 찾으려 한다. 예를 들어, 승진과 같은 성취가 멀게 느껴질 때 가족 또는 연인과의 관계에 집중하기도 하고, 관계적 욕구 실현이 어렵다고 느낄 때 이불 속에서 넷플릭스를 보는 편안한 일상에 집중하며 위안을 얻는다. 이는 정서적 안정을 통해 불안을 다스리려는 반응이다.

이러한 심리는 '웰빙'이나 '소확행'처럼 당장의 만족을 추구하거나, 'N포 세대'처럼 다음 단계를 아예 포기하는 태도로도 나타난다. 문제는 이 태도가 표면적으로는 합리적인 선택처럼 보이지만 실상은 더 높은 욕구를 포기한 체념에서 비롯된 심리적 퇴행일 수 있다는 점이다. 현재 상태에 머무르거나 후퇴하면서 그 선택을 '안정'이라고 착각하는 것이다.

반대로 성장을 선택한 사람은 현재의 욕구가 일정 수준 충족된 뒤 스스로를 점검하고, 더 높은 목표를 향해 나아간다. 예를 들어, 취업 후에는 승진, 결혼, 사회적 명예, 궁극적으로는 자아실현에 이르기까지 순차적으로 또는 동시에 목표를 설정하고 꾸준히 노력한다.

그러나 하위 단계를 건너뛴 채 최상위 욕구만을 빠르게 좇을 경우, 그 충동은 사행성 행동, 한탕주의, 물질만능주의로 왜곡될 위험이 있다. 더 큰 문제는, 이러한 태도가 단순한 개인의 일탈에 그치지 않고, 사회 전체에 왜곡된 성공 가치로 퍼질 수 있다는 점이다.

'안정적인 도전'이라는 모순

도전과 안정, 어느 쪽이 더 옳다고 단정할 수는 없다. 선택은 개인의 삶의 맥락과 가치관에 따라 달라지며, 정답은 없다.

문제는 많은 이들이 '안정적인 도전'을 꿈꾸지만, 이는 현실적으로 모순된 개념이라는 것이다. 성장을 원하면서도 실패의 두려움과 타인의 시선 속에 갇혀 쉽게 시도하지 못한다. 특히 청년층 사이에서는 '확실한 결과가 보장된다면 노력하겠다'는 태도가 확산되고 있다. 이처럼 도전과 안정 사이에서 망설이다 보면 결국 '불안한 정체' 상태에 머무르게 된다.

안정과 도전의 비율은 사람마다 다르지만, 정확히 반반인 경우는 없다. 세상이라는 끊임없이 출렁이는 파도 속에서 우리는 매 순간 앞으로 나아가거나, 조금씩 뒤로 물러나고 있다. 새로운 시도는 당장의 안락함을 포기해야 가능하고, 그 시도는 또 다른 욕구를 충족하기 위한 원동력으로 작용한다. 반면, 잠시 물러남은 지금까지의 성장을 돌아보고 그간의 성취를 누리는 시간이 될 수 있다. 파도 속에서 가만히 떠 있으려 해도 팔다리를 끊임없이 움직여야 하듯, 지금의 상태를 유지하는 데에도 꾸준한 노력이 필요함은 분명하다. 결국 중요한 것은 안정과 도전이라는 두 가지 정답에서 내가 고른 정답이 다른 정답보다 더 낫길 바라며 기도하는 것이 아니라, "지금, 내가 진심으로 원하는 선택은 무엇인가"를 스스로 묻고 답하는 용기다. 선택은 미룰 수 없고, 타인이 대신 결정해 줄 수 없다. 스스로 답해야만 한다.

We forfeit three-fourths of ourselves
in order to be like other people.

– Arthur Schopenhauer

학력, 키, 몸무게, 연봉, 재산, 거주지, 결혼 여부

이 일곱 가지 항목 모두가 '평균(± 1 표준편차)' 범위 안에 속할 확률은 통계적으로 약 6.91퍼센트에 불과하다. 그러나 사람들은 단순히 평균 범위에 드는 것만으로는 만족하지 않는다. 대개는 이 중 몇몇 항목이 평균 이상이기를 기대한다. 예를 들어, 7개 항목 모두가 평균 범위에 있고 그중 3개가 평균 이상이기를 바라는 경우, 이 조합이 실현될 확률은 고작 1.89퍼센트다. 결국 우리는 100명 중 2명만 도달할 수 있는 조건을 '정상' 또는 '성공'의 기준으로 삼고, 나머지 98명과 경쟁하며 살아가는 셈이다.

> "우리는 남과 같아지기 위해
> 인생의 4분의 3을 희생하고 있다."
>
> -아르투어 쇼펜하우어(독일의 철학가)-

사람들은 타인의 부정적인 평가가 두려울수록 자신의 행동을 의도적으로 조절한다. 이는 사회적 규범을 따르며 이미지를 보호하려는 본능적 반응이다. 우리 사회는 타인의 평가와 사회적 조화를 중시하는 문화적 특성이 강해, 외부의 시선에 민감하게 반응한다. 그 결과, 비판받을 수 있는 특이한 행동보다는 타인과 비슷한 방식을 선택하는 것이 더 안전하다고 느낀다. 예를 들어, 자동차를 구매할 때 "제 연봉 수준이면 어떤 차를 타야 할까요?"라고 묻는 모습에서 이를 확인할 수 있다. 이런 질문은 단순한 참고를 넘어, '평균을 기준으로 선택하는 것이 정상이다'라는 집단적 인식이 작동하고 있음을 보여 준다.

평균에 의한 박탈감: 평균을 좇을수록 더 불안해지는 이유

우리는 평균적인 삶을 추구할수록 오히려 더 큰 불안에 시달리게 된다. 집단마다 기준이 다르고, 그 방향도 수시로 바뀌기 때문이다. 집단의 의견을 선택의 기준으로 삼으면, 그 집단이 바뀌는 순간 평균의 범위는 달라지고, 나의 선택이 틀린 것처럼 느껴진다.

예를 들어, 패션에 관심이 없는 사람들에게는 옷을 자주 사는 것이 낭비로 보인다. 반면, 패션을 중시하는 집단에서는 옷을 사지 않으면 유행에 뒤처진다는 조급함이 생긴다. 학업, 취업, 퇴근 후 시간 활용 등도 마찬가지다. 대학원 진학이나 재테크, 운동에 대한 가치 판단은 속한 집단에 따라 달라지고, 그에 따라 나의 선택이 맞는지 혼란을 느낄 수 있다.

결국 집단의 기준에 따라 적절한 선택을 했더라도, 다른 집단에 속하게 되는 순간 그 선택의 의미는 사라진다. 더욱이 한국 사회는 유행이 빠르게 등장했다 사라지는 구조다. 이 속도에 맞춰 살아가려는 시도는 우리를 끝없는 불안으로 이끈다. 급변하는 흐름을 완벽히 따라가는 것은 불가능하다. 그럼에도 우리는 많은 시간을 '대세'에 휩쓸리며 살아간다. 삶을 낭비하지 않기 위해서는 자신의 기준을 명확히 세우고, 그 기준에 따라 내린 선택에 의미를 부여해야 한다. 그렇다면 끊임없는 비교와 유행, 불안의 악순환에서 어떻게 벗어날 수 있을까?

쇼펜하우어의 철학으로 평균에서 벗어나기

이제는 쇼펜하우어가 말한 '다른 이와 같아지기 위해 희생하고 있는 인생의 4분의 3'을 되찾을 시간이다. 그는 인생을 '의지의 충동'으로 가득 찬, 끊임없는 고통의 연속으로 보았다. 인간은 끊임없이 무언가를 갈망하고, 그것이 충족되면 잠시 만족하지만 곧 또 다른 결핍에 시달린다.

집단의 기준, 유행, 타인의 시선에 휘둘리는 삶은 고통의 굴레를 더욱 조인다. 비교는 욕망을 낳고, 욕망은 결핍을 부르며, 인간은 끊임없이 불안하고 만족하지 못한 채 살아간다. 이에 쇼펜하우어는 '의지로부터의 해방'을 제안했다. 타인의 시선이나 사회적 기준에서 벗어나 존재 그 자체에 의미를 두는 삶, 즉 예술, 철학, 명상과 같은 관조적 활동을 통해 인간이 고통에서 벗어날 수 있다고 보았다. 끊임없는 비교와 욕망에서 벗어나기 위해서는, 애초에 그 비교의 무대에서 한

걸음 물러나는 태도가 필요하다.

우리는 유행을 따르지 않으면 뒤처진다고 믿지만, 쇼펜하우어의 관점에서 유행은 인간의 욕망이 만들어 낸 무의미한 반복일 뿐이다. 그 흐름을 좇는 한, 우리는 결코 멈출 수 없고 스스로의 주인이 되기도 어렵다. 멈추지 못하는 삶은 고통스럽고, 주체적이지 못한 삶은 공허하다.

"지금 이 선택은 내 안의 침묵에서 나온 것인가, 아니면 바깥의 소음에 휩쓸린 결과인가?"

의미 있는 삶을 살고 싶다면, 스스로에게 조용히 귀 기울이는 연습이 필요하다. 고요한 내면의 목소리를 따라갈 때, 우리는 '태어난 김에 사는 삶'을 넘어, 태어난 이유를 찾아가는 삶으로 나아갈 수 있다.

'평균적인 삶'이란 존재하지 않는다

우리 삶은 수많은 선택으로 꾸려진다. 그런데 그 선택이 온전한 나의 결정인지, 아니면 타인의 기대나 사회적 기준에 따른 무의식적 선택인지 고민하는 사람은 거의 없다. 따르고 있는 선택 기준 역시, 나만의 것인지 판단하지 못한다.

이처럼 내 삶이 내 선택이 아니라면, 아무리 바쁘게 움직여도 마음은 공허하다. 그 이유는 분명하다. 삶의 주체가 내가 아니기 때문이다. 주변을 둘러봤을 때 나와 비슷한 고민과 행동을 하는 사람들로 가득하다면, 그것은 '스스로 생각하는 법'을 잃어버렸다는 신호일지도 모른다. 그래서 우리는 더 자주 자신에게 물어야 한다.

- 이 선택은 내가 중요하게 여기는 가치에서 비롯된 것인가?
- 요즘 사람들이 하니까 무심코 따라 한 건 아닌가?
- 생산적으로 보이기 위해 억지로 무언가를 하고 있지는 않은가?
- 남들이 좋다고 해서가 아니라, 정말 내가 원해서 선택한 것인가?

우리는 종종 '내가 원한다고 믿는 것'과 '진짜로 원하는 것'을 혼동한다. 이제는 나만의 속도와 방식, 기준으로 살아갈 용기를 가져야 한다. 유행에 휘둘리지 않고, 변하는 기준에 나를 끼워 맞추지 않으며, 스스로의 경험과 가치를 기준으로 선택하는 삶. 그것이야말로 타인에게 보이기 위한 삶이 아니라 진짜 '내 삶'을 살아가는 길이다.

Don't mistake activity with achievement.

- John Wooden

우리는 '자기 계발'이라는 말의 뜻조차 깊이 생각해 보지 않고 그 열풍 속에서 살아간다. 무엇을 위한 것인지도 모른 채, 무언가를 하지 않으면 안 될 것 같은 막연한 불안이 우리를 끊임없이 움직이게 한다. 자기 계발을 향한 열망은 삶의 방향을 찾기 위한 노력이라기보다 방향을 찾지 못해서 느끼는 갈증을 드러내는 방식일 뿐이다.

> "활동과 성취를 혼동하지 마라."
>
> -존 우든(미국의 전 농구 선수이자 대학 농구
> 명예의 전당에 오른 전설적인 코치)-

직장인 A는 퇴근 후에도 늘 바쁘다. 월요일과 수요일은 영어 회화 스터디, 화요일은 재테크 온라인 강의, 목요일은 부업 관련 세미나, 주말에는 운동 모임과 자격증 공부까지 하루도 빠짐없이 일정이 빼곡하다. '지금 이대로는 안 된다'는 불안이 A를 끊임없이 움직이게 만든다. 그러던 어느 날, A는 문득 자신에게 물었다. "내가 이렇게까지 해서 얻고 있는 건 무엇일까?"

한편, 직장인 B는 여가 시간에 그림을 그린다. 처음엔 단순히 스트레스를 해소하기 위한 취미였지만, 4년간 꾸준히 하다 보니 실력이 눈에 띄게 늘었고, SNS에 그림을 올릴 때마다 좋은 반응이 이어졌다. 그림 그리기에 점점 재미가 붙은

B는 여행을 가면 가장 먼저 전시회를 찾았고, 유명하지 않은 로컬 갤러리까지 직접 찾아다니며 자신만의 감각을 키워 갔다. 전문 교육을 받은 적도 없고, 개인 화실이 있는 것도 아니다. 그러나 자신이 무엇을 좋아하며 무엇을 잘하고 싶은지 분명히 알게 된 B는 이제 프리랜서로서 정식 의뢰를 받고, 전시 기획에도 도전하며 조금씩 자신의 길을 넓혀 가고 있다. B에게 자기 계발은 스펙 쌓기가 아니라 삶의 방향을 또렷하게 만드는 도구였다.

자기 계발 중독의 시대: 성장하고 있다는 착각

요즘 시대에 자기 계발은 생존 전략이 되었다. '가만히 있으면 뒤처진다'는 말은 이제 당연시되고 있고, 많은 사람이 무언가를 하지 않으면 불안감을 느낀다. 그러나 이토록 자기 계발에 몰두하면서도, 그것의 진정한 목표에 대해 깊이 고민하는 사람은 거의 없다.

사람들은 실제 성장 여부보다 '뭔가를 하고 있다'는 감각에 매료된다. 독서 모임, 온라인 강의, 자격증 공부, 새벽 운동, N잡 등 모든 활동은 의미 있는 시도가 될 수 있겠지만 단지 소비하는 데 그친다면, 삶은 달라지지 않는다.

심리학에서는 이러한 현상을 '진행의 착각_The Illusion of Progress_'이라 부른다. 이는 어떤 목표를 향해 나아갈 때, 실질적인 진전과 무관하게 '성장하고 있다'는 착각에 빠지는 심리적 편향을 의미한다.

대표적인 사례로 키베츠_Kivetz_, 어민스키_Urminsky_, 정_Zheng_의 연구가 있다. 연구진은 참가자를 두 그룹으로 나눠, 한 그룹에는 12칸 중 2칸이 미리 찍힌 커피 쿠폰을, 다른 그룹에는 10칸이 모두 비어 있는 쿠폰을 제공했다. 결과적으로 2칸이 채워진 쿠폰을 받은 사람들이 더 빠르게 쿠폰을 완성했다. 실질적인 목표는 같았지만, '이미 시작했다'는 감각이 행동을 앞당긴 것이다.

자격증 시장은 이 심리를 정교하게 활용한다. 자격증이 곧 전문성의 상징인 것처럼 포장하고, 일단 시작하면 쉽게 취득할 수 있다는 착각을 유도한다. '첫 달은 무료'라는 문구로 고객이 진행의 착각을 일으키도록 유도한다. 동시에 '자격증이 없으면 뒤처진다'는 불안까지 자극한다. 결국 '더 나은 나'를 위한 자기 계발의 여정이 아니라, 불안한 현재를 잊기 위한 소비 행위로 전락하고 만다.

'성장하는 기분'이 아닌 실제 성장을 위한 질문

중요한 것은 '무언가를 하고 있다'는 기분이 아니라, 그 행동이 실제로 '어디를 향하고 있는가'이다. 자기 계발이라는 이름으로 쏟아붓는 시간과 에너지가 삶의 방향성과 연결되지 않는다면, 그것은 진짜 성장이 아니라 '전진하고 있다'는 착각에 빠진 상태다. 미라클 모닝을 위해 새벽에 일어나는 행동보다 중요한 것은, 보람찬 하루를 보내고 싶은 자신에 대한 자기 인식이다.

"나는 성장하고 있는가, 아니면 단지 바쁘게 움직이고 있다는 느낌에 안도하고 있는가?"

자기 계발이 의미 있으려면, 반드시 삶의 방향성과 연결되어야 한다. 그래야만 '행동'이 아닌 진짜 '성장'이라 부를 수 있다. 물론 어떤 시도든 그 안에는 배움이 있고, 무의미하게 시간을 흘려보내는 것보다는 낫다. 술에 취해 오후가 되어서야 겨우 일어나는 주말보다, 무언가를 배우며 보낸 하루가 더 나은 것은 분명하다. 문제는 그 노력이 실질적인 성취를 위한 것인지, 단지 '열심히 살고 있다'는 감각을 위한 것인지를 구분할 수 있느냐다.

미국 대학 농구의 전설적인 코치 존 우든*John Wooden*은 단지 바쁘게 움직이는 것만으로는 성공에 이를 수 없다고 강조했다. 그는 선수들에게 모든 활동이 팀의 최종 목표와 어떻게 연결되는지를 끊임없이 상기시켰다. 이 철학 덕분에 그는 당시 눈에 띄는 활약을 보여 주지 않았던 UCLA 팀을 NCAA(미국 대학 농구) 7년 연속 우승, 88연승이라는 경이로운 기록을 세운 명문 팀으로 이끌 수 있었다. 코트 위에서 무작정 땀 흘리게 하는 것보다, 선수 각자가 '우승'이라는 목표에 어떤 역할을 하는지를 이해시키는 데 집중한 결과였다. 그의 말처럼 중요한 것은 '무엇을 하고 있느냐'가 아니라, '그 활동이 어떤 변화를 만들어 내고 있는가'다.

이제 되돌아보자. 지금 당신의 노력은 단순한 활동인가? 아니면 진짜 성취를 향한 과정인가?

If all think alike, then no one is thinking.

- Walter Lippmann

진보와 보수, 남성과 여성, 요즘 세대와 기성세대 간 갈등이 날로 깊어지고 있다. 같은 진영 내에서는 결속이 강해지는 반면, 다른 진영에 대한 적대감은 커지고 있는 것이다. '존중'과 '배려'의 중요성을 부정하는 사람은 없다. 하지만 현실에서는 그 존중과 배려가 '나와 같은 생각을 가진 사람'에게만 적용되는 선택적 태도로 나타난다. 우리는 내가 속한 집단 안에서만 좋은 사람이고자 하며, 자연스럽게 비슷한 생각을 가진 사람들하고만 어울리려 한다. 우리는 점점 세상을 '내 편'과 '네 편'으로 나누는 사고방식에 익숙해지고 있다.

> "모두가 같은 방향으로 생각한다면,
> 실은 아무도 제대로 생각하지 않는 것이다."
>
> -월터 리크먼(미국의 저명한 언론인, 작가, 정치 평론가)-

어느 야영장에 10대 초반의 남자아이 22명이 모였다. 여름 캠프 참가자들인 아이들은 처음부터 두 개의 그룹으로 나뉘었다. 도착 후 며칠 동안 각 그룹은 서로를 모른 채 따로 생활했고, 팀 이름과 깃발, 규칙을 만들며 소속감을 키워 갔다. 아이들은 자신이 속한 집단에 애착을 느끼고 팀워크를 쌓는 데 열중했다.

그러던 어느 날, 두 그룹은 처음으로 서로의 존재를 알게 된다. 곧이어 캠프 측은 두 팀이 야구, 줄다리기, 깃발 뺏기 등 다양한 경기를 치를 것이라고 발표했다. 승리한 팀에게는 칭찬과 보상이 주어졌다. 처음에는 단순한 게임이었다. 그러나 날이 갈수록 분위기는 달라졌다.

"저 녀석들, 너무 거만해."

"저 팀은 맨날 핑계만 대잖아."

경쟁은 조롱과 욕설, 몰래 깃발 훼손하기, 심지어 음식 훔치기로 이어졌다. 아이들은 서로를 '저 자식들', '저놈들'이라고 부르기 시작했고, 각 팀의 리더들은 분노를 억제하지 못했다. 캠프는 점점 전쟁터처럼 변해 갔다.

사실 이 캠프는 사회심리학자 무자퍼 셰리프_Muzafer Sherif_가 설계한 현장 기반 심리 실험이었다. 겉보기에는 평범한 여름 캠프처럼 보였지만, 그 안에는 집단 간 갈등과 협력의 메커니즘을 분석하기 위한 실험적 설정이 숨겨져 있었다.

밴드왜건 효과: 모두가 뛰어오르는 수레

많은 사람이 무비판적으로 특정 인물이나 의견을 따르는 현상을 '밴드왜건 효과_Bandwagon Effect_'라고 한다. 이 말은 19세기 미국 정치에서 유래했는데, 당시 선거 유세에서 후보들은 '밴드왜건'이라는 마차에 악단을 태우고 퍼레이드를 벌이며 유권자의 관심을 끌었다. 이 마차에 오르면 유력 후보의 지지자로 보였기 때문에, 많은 이가 앞다투어 올라탔다. 이후 이 표현은 '대세에 편승하는 현상'을 의미하게 되었고, 정치, 소비, 문화, 개인의 삶 등 다양한 영역에 영향을 미치고 있다. 그러나 중요한 점은, 집단이 선택한 것이 반드시 최선은 아니라는 사실이다.

집단 사고가 초래한 거대한 사고

대세를 따르는 게 나쁜 것은 아니다. 때로는 다수의 선택이 더 나은 결과를 낳기도 하고, 내 생각과 일치하기도 한다. 중요한 것은 그 의견에 공감해서 따르는지, 아니면 아무 생각 없이 따라가는지의 차이다. '다들 그렇다니까 맞겠지'라는 마음으로 무비판적으로 받아들이기 시작하면, 위험한 결과로 이어질 수 있다.

2000년대 초반, 미국 금융업계는 부동산 가격이 계속 오를 것이라 믿고, 과도한 대출과 무분별한 투자를 이어 간 끝에 큰 위기를 맞았다.

집단의 사고방식이 한 방향으로 흐를수록 반대 의견은 설 자리를 잃는다. 당시 일부 전문가들이 위험을 경고했지만, 그들의 목소리는 무시당하거나 비관적인 소수로 치부되었다.

의심보다는 낙관이, 경고보다는 확신이 우세한 분위기 속에서, 사망한 사람의 명의로도 대출이 이루어지는 비정상적인 상황까지 이르렀다. 결국 2008년 서브프라임 모기지 사태가 터졌고, 전 세계는 심각한 금융 위기에 빠졌다.

이처럼 집단이 하나의 시각에만 매몰되면, 문제를 인지하지 못한 채 최악의 결정을 내리는 상황에 이르게 된다.

당신의 생각은 '진짜'인가?

셰리프의 캠프 실험에 모인 아이들처럼, 우리는 누구나 어떤 집단에 속해 있고, 비슷한 생각을 가진 사람들에게 친밀감을 느낀다. 반면, 다른 의견을 가진 사람에게는 본능적으로 거리를 두게 된다.

정치, 사회, 문화의 영역에서 특정 인물을 지지하거나 다수의 의견에 쉽게 편승하는 밴드왜건 효과는 일상에서 흔히 나타난다. 문제는 "나는 왜 이런 생각을 하게 되었을까?"라는 질문 없이, 무비판적으로 집단의 논리에 따를 때 발생한다. 모두가 같은 말을 반복할수록 오히려 생각은 멈추고, 위험성은 커진다. 2008년 미국발 금융 위기 역시 이러한 집단 사고가 어떻게 진실을 왜곡하고 극단적인 결과를 초래하는지를 보여 주는 대표 사례다.

셰리프의 실험에서의 아이들은 단순히 함께 시간을 보낸다고 해서 적대감이 줄지 않았다. 오히려 자주 마주칠수록 갈등은 더 심해졌고, 경계는 더욱 뚜렷해졌다. 변화는 두 집단이 함께 해결해야 하는 상위 목표 *Superordinate Goal*를 마주했을 때 시작됐다. 식자재를 실어 나르던 트럭이 진흙에 빠졌을 때 두 집단은 힘을 모아 트럭을 밀었고, 인기 영화를 시청하기 위해 비용도 함께 분담했다. 이러한 과정을 통해 아이들은 경쟁자가 아닌 협력자로 인식하며 존중하기 시작했고, 점차 신뢰 관계가 형성되었다. 이후 두 그룹은 함께 식사하고, 기념사진도 찍으며 관계를 서서히 회복해 나갔다.

이 실험은 오늘날 우리가 직면한 사회적 분열을 상징적으로 보여 준다. 생각의 차이와 경쟁은 불가피하며, 건강한 사회의 자연스러운 현상이다. 그러나 서로 다른 집단에 속해 있더라도 공동의 목표를 인식하고 해결하려는 노력이 있다면 협력은 가능하다. 내가 속한 집단의 믿음이 늘 옳다는 전제를 의심해 보자. 그 질문은 더 나은 사회와 관계를 향한 출발점이 될 것이다.

見賢思齊焉, 見不賢而內自省也.
견 현 사 제 언　　　견 불 현 이 내 자 성 야

- 공자

우리는 나답게 살기 위해 남들과 다른 강점을 찾고, 자존감을 높이려 노력한다. 그러나 주변 사람들과 잘 어울리고, 누구에게나 친절한 삶이 어떤 이들에게는 오히려 '나다운 삶'일 수 있다. 그런 사람에게 '너답게 살라'며 무조건 남들과 다른 선택을 권한다면, 그들의 진짜 모습을 왜곡하게 될지도 모른다.

> "현명한 사람을 보면 그와 같아지려 하고,
> 그러지 못한 사람을 보면
> 스스로를 돌아보라."
>
> — 공자 —

퇴근길, 지하철에 앉아 멍하니 휴대폰을 들여다보다가 우연히 동창의 SNS를 봤다.

"승진과 동시에 유학 준비까지…… 역시 잘나가는구나." 친구의 반듯한 셔츠와 환하게 웃는 얼굴, 비싼 명품 시계를 보니 마음이 복잡해진다.

나도 성실하게 살아왔다. 할 일을 미루지 않았고, 사람들과의 관계에서도 늘 예의를 지켰다. 그래서인지 많은 이들이 나를 '좋은 사람'이라고 말하지만, 정작 그 평판이 내게는 크게 와닿지 않는다. 좋은 사람이 되고 싶었던 마음은 어느새 '더 나은 사람'이 되어야 한다는 부담으로 바뀌어 있었다.

나는 왜 이 친구가 부러운 걸까? 나보다 나은 학벌이나 연봄 때문일까? 아니면 '더 나은 삶을 사는 것처럼 보이기' 때문일까? 알 수 없는 착잡함에 휴대폰을 끄고 내 자신에게 물었다. "나는 어떤 사람이 되고 싶은 걸까? 친구보다 잘나가는 사람이 되는 것이 정말 내가 원하는 목표일까?"

사회 비교: 인간에게 비교란 본능과 같은 것

레온 페스팅거 Leon Festinger 는 사람들이 자신을 평가할 때 타인과 비교하며 판단한다고 보았다. 그는 '사회적 비교 이론 Social Comparison Theory'을 통해 개인이 자아를 형성하고 자신의 능력이나 특성을 판단할 때 타인과의 비교가 핵심적인 역할을 한다고 설명했다. 사람들은 자신의 장점과 단점을 확인하고, 자아 기준을 세우며 자존감을 조절하고 행동 방향을 결정하기 위해 타인과 자신을 비교한다.

페스팅거는 사회적 비교를 상향 비교 Upward Comparison 와 하향 비교 Downward Comparison, 두 가지로 나누었다. 상향 비교는 자신보다 뛰어난 사람과 비교하는 것으로, 부족한 점을 인식하고 발전의 계기를 마련하는 데 도움이 된다. 예를 들어, 기존보다 더 높은 목표를 세우거나 새로운 도전을 할 수 있다.

그러나 상향 비교가 반복되면 오히려 자존감이 낮아질 수 있다. 상대의 우월함이 계속 부각되면 자신이 부족하다고 느끼고, 열등감이나 좌절감을 경험할 수 있기 때문이다.

하향 비교는 자신보다 못하다고 여겨지는 사람과의 비교로, 자신의 위치를 긍정적으로 인식하고 일시적으로 자존감을 회복하는 데 도움이 된다. "그래도 나는 저 사람보다는 낫다"라는 생각은 정서적 안정감을 주기도 한다. 그러나 여기에 지나치게 의존하면 성장을 멈추고 현재에 안주하게 될 위험이 있다.

이 두 방식은 각각 장단점이 있으며, 공통적으로 타인과의 비교를 통해 자기 자신을 돌아보게 한다. 적절한 사회적 비교는 자기 인식과 정서적 균형을 유지하는 데 중요한 심리적 도구가 된다.

핵심은 비교 자체가 아니라
비교를 어떻게 활용하느냐이다

어느 순간부터 우리는 '나답게 살자'는 말을 '비교하지 말자'는 뜻으로 받아들이게 되었다. 그래서 남과의 비교는 나쁘다는 격언을 마치 모두가 따라야 할 진리처럼 여긴다. 하지만 이는 '나답게 살고자 하는 욕구'가 만든 과잉 해석이다. 비교 자체를 장애물로 여기는 태도는, 오히려 비교를 '어떻게 잘 활용할 것인가'에 대한 감각이 부족하다는 방증이다.

공자는 '인'을 실천하기 위해 자기 수양과 배움을 강조하며, 타인을 통해 자신을 돌아보는 것이 덕을 쌓는 길이라고 했다. 이런 관점에서 비교는 열등감을 유발하는 감정이 아니라, 성장을 위한 거울이 된다. 사회적 비교 이론에서도 알 수 있듯, 나보다 나은 사람에게서는 태도와 습관, 지혜를 배울 수 있다. 반대로 나보다 부족해 보이는 사람을 통해서는 가진 것에 대한 감사와 책임감을 되새길 수 있다. 이런 태도는 배움을 지속하게 하고, 나눔의 미덕을 풍요롭게 만든다. 예를 들어, 나보다 어리거나 학력이 낮은 사람에게도 배울 점이 있다는 사실을 아는 사람은 '꼰대'가 되지 않는다. 또한 부와 권력을 가진 사람을 만나도 스스로의 더 나은 점을 인식하고 당당함을 유지할 수 있다.

이처럼 비교는 단순히 위아래를 나누는 도구가 아니라 '나다움'을 찾는 데 중요한 기제다. 동양 사회, 특히 한국에서는 비교를 통해 자신을 이해하고, 타인과 조화를 이루는 문화를 발전시켜 왔다. 그렇기에 한국 사회에서 '나다움'이란, 혼자만의 길이 아니라 '우리 속의 나'를 찾아가는 것이다. 결국 중요한 것은 비교 자체를 피하는 것이 아니라 어떻게 받아들이고 활용하느냐다. 비교를 잘 활용하는 사람은 열등감에 휘둘리지 않고, 타인을 통해 자신을 객관적으로 바라보며 배움의 기회로 삼는다. 비교는 방해물이 아니라 방향을 제시하는 나침반이다. 우리는 그 나침반을 외면하지 말고, 더 정확히 읽는 연습을 해야 한다.

① '나다운 삶'에서 타인과의 비교는 어떤 역할을 할까?
② 타인의 기대를 충족시키는 것이 내게 어떤 의미일까?
③ 타인과 공감대를 형성하기 위해 필요한 노력은 무엇을 위한 것일까?

이 세 가지 질문에 성실히 답해 보자. 그 대답이 나와 타인을 설득할 수 있을 만큼 논리적이며 만족스럽다고 느낀다면, 타인과의 비교는 성장의 도구가 될 것이다.

비교는 피해야 할 대상이 아니라, 성찰과 배움의 기회다. 기준이 분명한 사람은 비교에 흔들리지 않고, 성장의 계기로 삼는다. 결국 비교를 통해 흔들릴지, 단단해질지는 나에게 달려 있다.

> 심리학자의 한마디

곁에 두고 싶은 사람은 예의 바른 사람이 아니라, 공감해 주는 사람

우리 사회에서 존경받는 사람은 갈등을 피하고, 불편을 주지 않으며, 예의와 상식을 지키는 사람이다. 그렇게 살면 누구에게도 밉보이지 않고, 인간관계도 무탈하다. 실제로 '좋은 사람'이라는 평판은 호감을 얻는 데 유리하다. 하지만 그런 평판이 정말 자기 삶을 지키는 유일한 방법일까?

'좋은 사람'이 되고 싶은 마음은 늘 주변을 살피게 만든다. 어떤 말이 불쾌하게 들릴지, 어떤 표정이 무난할지를 끊임없이 따지며 예의를 차리는 것이다. 겉으로는 매너 있는 사람처럼 보일지 몰라도, 이면에는 '부정적인 평가를 피하고 싶다'는 방어적 본능이 자리한다. 그래서 예의는 적절한 거리 두기와 함께한다.

이처럼 거리를 유지하는 태도는 무난하게 살기 위한 현실적인 전략일 수 있다. 하지만 그 예의는 불편하지 않을 정도의 관계를 유지하려는 데 머물며, 진짜 마음의 연결은 만들어 주지 못한다. 그 이유는 내 삶이 '나만의 콘텐츠'로 채워져 있지 않기 때문이다. 무엇을 좋아하는지, 어떤 가치를 삶의 중심에 둘지가 불분명하면 삶은 쉽게 공허해진다. 그렇게 생겨난 인생의 빈틈을 메우기 위해 선택하는 가장 무난한 대안이 예의다. 나만의 기준이 없으니, 사회가 정한 '괜찮은 사람'의 기준을 따르려는 것이다.

반면, 삶의 방향을 아는 사람은 다르다. 그들은 내면의 목소리에 귀 기울이며, 자신에게 소중한 것과 원하는 바를 분명히 알고 있다. 기준이 뚜렷하므로 눈치를 보지 않는다. 무례하지 않으면서도 기준이 분명하고, 그래서 신뢰를 준다. 삶의 밀도가 있는 사람은 타인의 삶도 가볍게 판단하지 않는다. 이때 비로소 공감의 힘이 피어난다. 공감은 "힘들었겠다"라는 말을 건네는 것이 아니라, 그 말 속에 감정의 결을 담아 전하는 능력이다. 형식이 아니라, 경험에서 비롯된 감각이다. 실패와 노력, 기쁨과 슬픔의 경험이 쌓일수록 공감의 깊이도 더해진다. 공감은 관계의 기술이 아니라, 삶에서 길어 올린 통찰이다.

진심 어린 공감이 오갈 때 우리는 안정감을 느낀다. 반면, 아무리 매너가 좋아도 진심이 느껴지지 않는 관계는 공허하다. 공감은 따뜻함이고, 예의는 적절한 거리다. 공감은 '좋은 관계'를 만들고, 예의는 '좋은 사람'이라는 평판을 만든다.

우리는 선택해야 한다. 예의 있는 사람으로 남을 것인가, 공감하는 사람으로 성장할 것인가. 만약 누군가에게 곁에 두고 싶은 사람이 되고 싶다면, 먼저 자기 삶을 살아야 한다. 자기만의 콘텐츠가 있는 사람만이 타인의 이야기에 진심으로 귀 기울일 수 있다.

불안과 두려움이
나를 삼키지 않도록

The curious paradox is that when I accept myself just as I am, then I can change.

– Carl Rogers

사소한 일에도 예민해지고, 걱정이 많은 사람이 있다. 혹시 실수했을까 끊임없이 되새기고, 남들은 신경 쓰지 않는 작은 일에도 불안을 느낀다. 그러다 이런 자신이 밉고, 화가 치밀어 오른다. 어떻게 하면 마음속 불안을 잠재우고 여유를 되찾을 수 있을까? 지금 단계에서 '마음의 안정'을 목표로 삼기에는 너무 이르다. 그보다 먼저 '나는 어떤 사람인가'를 이해해야 한다.

> "나 자신을 있는 그대로 받아들일 때
> 비로소 변화할 수 있다."
>
> -칼 로저스(미국의 저명한 심리학자)-

오늘 아침, 옷장 앞에서 한참을 고민했다. 잘 보일 사람도 없으니 대충 입고 나가면 되는데, 이상하게 무언가 거슬렸다. 이럴 줄 알았으면 어젯밤에 미리 옷을 골라 둘 걸 후회하며 몇 번이나 옷을 갈아입었다. 결국 가장 익숙한 스타일로 입고 출근길에 나섰지만, 어쩐지 처음 입었던 옷이 제일 나았던 것 같다.

지하철 안에서 문득 한숨이 나왔다. 오늘도 해야 할 일이 많고, 마음이 무겁다. 상사가 요청한 자료는 이미 여러 번 검토했지만, 여전히 완벽하지 않은 것 같아 찜찜하다. 동료들은 "대충 해도 괜찮다"라고 말하지만, 그렇게 할 수가 없다. 오전 내내 자료를 손보며 고민한 끝에 겨우 제출했는데, 팀장님은 대충 훑어보더니 별다른 반응 없이 지나쳤다. 팀장님의 애매한 반응에 온갖 생각이 머릿속을 스쳐 지나갔다.

퇴근 후 집에 돌아와 소파에 털썩 주저앉았다. 하루를 무사히 마쳤지만, 걱정이 다시 스멀스멀 올라온다. '다들 나를 어떻게 생각할까? 내가 너무 예민해서 불편해하진 않을까? 나도 남들처럼 털털하고 활달하게, 여유롭게 살고 싶은데…….' 내일 입을 옷을 미리 고르며 생각을 되뇌었다.

오해하지 말자, 예민함도 분명 장점이 된다

심리학자들이 성격을 분류할 때 가장 널리 사용하는 모델은 '빅파이브 Big Five'다. 이는 개방성 Openness, 외향성 Extraversion, 성실성 Conscientiousness, 우호성 Agreeableness, 신경증 Neuroticism이라는 다섯 가지 요인으로 구성된다. 이 중 '신경증'은 감정적 안정성과 관련이 있다. 신경증이 높은 사람은 불안, 우울, 분노, 걱정 등 부정적인 감정을 쉽게 느끼고 스트레스에도 민감하게 반응한다. 반면, 신경증이 낮은 사람은 감정적으로 차분하고 안정적이며 스트레스 상황에서도 쉽게 흔들리지 않는다.

신경증이 높은 사람은 자기 의심이 많고, 타인의 평가에 예민하다. 예를 들어, 팀장이 "잘했어"라고 말해도 '정말 괜찮았던 걸까?' 하고 의심하며 불안해한다. 이런 성향은 상대의 말이나 태도에 쉽게 영향을 받고, 갈등이 생기면 불안감을 크게 느낀다. 스트레스 상황에 지속적으로 노출되면 만성 피로, 두통, 소화불량 등 신체적 증상도 함께 발생한다.

이렇게 보면 신경증은 부정적인 특성처럼 보이지만, 그건 잘못된 해석이다. 신경증을 '감수성'으로 바꿔 생각해 보면 그 장점이 뚜렷해진다. 감수성이 풍부한 사람들은 순수하고 사랑스러운 매력을 지닌다. 낯선 사람과 친해지는 데 시간이 걸리지만, 일단 마음이 통하면 진심 어린 공감과 따뜻한 위로를 전한다.

그들은 TV 속 이야기에도 씩씩거리며 분노하고, 타인의 슬픈 사연에는 눈물을 글썽인다. 또한 세심하고 꼼꼼해서 작은 실수도 놓치지 않으며, 위험을 미리 감지하고 신중하게 행동하는 특징이 있다. 덕분에 불필요한 위험을 줄이고, 예측 가능한 문제에 대비할 수 있다. 만약 인간이 외부 자극에 예민하게 반응하지 않았다면 자연재해나 독성 물질 같은 위험에 대처하지 못해 생존이 어려웠을지도 모른다.

있는 그대로의 나를 인정하고 받아들이기

한때 MBTI가 유행하면서 감수성이 풍부한 사람들에 대한 오해는 점차 줄어들고, 그들의 강점 역시 조금씩 인정받기 시작했다. 일반적으로 'F' 성향이 뚜렷한 사람은 빅파이브 성격 요인 중 신경증 점수가 높은 편이다. 다음 사항 중 5개 이상 해당된다면, 신경증 성향이 높을 가능성이 크다.

① 쉽게 낙담한다.
② 자주 우울감을 느낀다.
③ 최악의 상황을 걱정한다.
④ 쉽게 화를 내고 짜증을 낸다.
⑤ 작은 일에도 쉽게 속상해한다.
⑥ 스트레스에 예민하게 반응한다.
⑦ 많은 것을 두려워하고 불안을 느낀다.
⑧ 기분이 자주 변하고 감정 기복이 크다.
⑨ 걱정이 많고 사소한 일에도 신경을 쓴다.
⑩ 한 번 마음이 다치면 쉽게 치유되지 않는다.

예민하고 걱정이 많아 고민하는 사람들에게 주변에서는

'너무 예민하니 걱정을 그만두라'는 식의 조언을 건넨다. 하지만 이러한 접근은 별로 효과적이지 않다. 미국의 심리학자 칼 로저스는 상대를 판단하거나 바꾸려 하지 않고, 이해하고 수용할 때 스스로 변화하고 성장할 수 있다고 했다.

이 태도는 단지 상담에만 국한되지 않는다. 걱정과 불안의 정도가 높은 사람을 진심으로 이해하고 지지하려면, 그들이 가진 성격적 특성을 있는 그대로 바라보고 적극적으로 공감해야 한다. 로저스의 철학은 우리가 타인을 대하는 방식에 대한 깊은 통찰을 던져 준다.

그의 말처럼 진정한 변화는 '자신을 있는 그대로 받아들이는 것'에서 시작된다. 감수성이 풍부하다는 것은 결함이 아니라 단지 하나의 '성향'일 뿐이다. 이런 성향 때문에 삶에서 어려움을 겪고 있다면, 그 문제를 그저 성격 탓으로 돌려서는 해결책을 찾을 수 없다. 자신의 감수성을 있는 그대로 받아들일 때, 진정한 변화가 시작된다.

Courage is resistance to fear,
mastery of fear — not absence of fear.

- Mark Twain

하고 싶은 일만 하며 살 수 있다면 얼마나 좋을까? 물론 그런 삶을 사는 사람은 극히 드물다. 그래서일까? 이상을 좇는 사람은 불안해 보인다. 어떤 일이든 기본적으로 먹고살 만한 기반은 마련해야 하지 않겠나는 걱정이 절로 든다. 이는 현실과 이상을 구분하는 훌륭한 지침이 될 수도 있겠으나, 감수성이 높은 사람들에게는 오히려 두려움을 증폭시키고 끝내 하고 싶은 선택을 하지 못하게 만드는 장애물이 되기도 한다.

> "용기란 두려움이 없는 것이 아니라
> 두려워도 행동하는 것이다."
>
> -마크 트웨인(미국의 소설가)-

영화 〈라라랜드〉는 카페 아르바이트를 하며 오디션을 전전하는 배우 지망생 미아와 자신의 이름을 건 재즈 클럽 오픈을 꿈꾸지만 생계를 위해 연주 아르바이트를 이어 가는 세바스찬의 꿈과 현실을 그린 이야기다. 둘은 소중한 꿈을 안고 열심히 살아가지만, 현실은 그리 녹록지 않다. 누구보다 간절한 마음으로 연기하는 미아에게 오디션 담당자들은 냉담한 반응을 보이고, 순수 재즈를 사랑하는 세바스찬은 자신만의 음악을 하고 싶지만 정해진 곡만 연주해야 하는 레스토랑에 출근한다. 원하는 것을 하기 위해 원하지 않는 것에 더 시간을 쏟아야만 하는 둘의 일상은 우리들의 모습과 꽤 닮아 있다.

'현실'이라는 족쇄

감수성이 풍부한 사람들은 그림, 시, 음악, 영상 등 예술 분야에서 타고난 재능을 지닌 경우가 많다. 예술이란 본래 감성을 표현하는 활동이다. 그래서 담아낼 감성이 풍부한 사람들이 예술적 감각이 뛰어난 것은 어쩌면 당연한 일이다. 그러나 안타깝게도 이들은 그 뛰어난 예술적 감각만큼 특출난 것이 또 있다. 어떤 꿈과 목표가 생기더라도, 거기에 도달할 수 없는 이유를 만들어 내는 능력이다.

"이 나이에 시작하기엔 늦었어."
"나보다 잘하는 사람이 너무 많아."
"어차피 아무도 관심을 갖지 않을 거야."
"좋아하는 일을 위해 많은 것을 포기하는 게 두려워."

원하는 일을 할 수 없는 그럴듯한 이유 중 가장 흔한 이유는 '돈'이다. 우선 경제적 안정을 이룬 뒤 꿈을 좇겠다는 말은 겉보기엔 합리적이지만, 본질은 두려움에서 비롯된 심리적 갈등이다.

접근-회피 갈등: 간절할수록 두려움도 커진다

닐 밀러 Neal E. Miller 는 쥐를 대상으로 한 실험에서 감수성이 풍부한 이들이 겪는 심리적 갈등 구조를 분석했다.

먼저 쥐에게 먹이라는 보상과 전기 충격이라는 처벌을 이용해 갈등을 일으키는 다양한 상황을 부여했다. 우선, 두 선택지 모두 긍정적인 상황을 '접근-접근 갈등'이라고 한다. 이는 쥐가 자신이 좋아하는 두 가지 먹이 중 하나를 선택해야 하는 상황에서 발생하는 갈등이다. 반면, 두 선택지 모두 부정적인 상황은 '회피-회피 갈등'이라고 한다. 쥐가 어떤 선택을 하더라도 전기 충격을 피할 수 없는 경우에 해당한다. 두 갈등은 비교적 단순한 구조에서 발생한다.

더 복합적인 심리 갈등은 다른 상황에서 잘 드러난다. 쥐가 미로 한쪽 끝에 놓인 먹이를 향해 다가가면, 일정 거리부터 전기 충격이 발생하도록 장치되어 있었다. 쥐는 먹이라는 보상을 향해 접근하지만, 일정 거리 이상 가까워지면 전기 충격이라는 처벌 때문에 주춤하거나 아예 뒤로 물러나기도 한다. 밀러는 이처럼 하나의 대상이 동시에 끌림과 두려움을 불러일으킬 때 발생하는 심리적 충돌을 '접근-회피 갈등'이라고 정의했다. 특히 목표에 가까워질수록 회피 동기가 더욱 강해지는 것이 특징이다. 즉, 원하는 것에 가까워질수록 두려움도 함께 커지는 인간의 역설적 심리를 설명하는 구조다.

간절함과 두려움 사이, 해결책은 내 마음에 있다

〈라라랜드〉의 두 주인공에게 연기와 음악은 자신을 표현하는 가장 진실한 방식이자, 간절한 꿈이었다. 그러나 그 꿈에 가까워질수록 현실적 불안도 따라왔다. 경제적 어려움, 사회적 비판, 실패에 대한 두려움, 스스로에 대한 의심이 고개를 들며 마음을 주춤하게 만든다. 이것이 바로 접근-회피 갈등의 본질이다.

이 갈등은 단순한 미루기가 아니라, 간절히 원할수록 동시에 회피 욕구도 커지는 심리적 충돌이다. 이 회피는 오늘날 '현실적인 이유'라는 이름으로 합리화되곤 한다. 하지만 이 메커니즘을 제대로 이해하면, 문제는 외부가 아니라 내 안에서 부딪히는 갈망과 두려움 때문이라는 것을 알 수 있다.

다만, 무척이나 다행인 사실도 있다. 바로 우리는 실험실에 갇힌 쥐가 아니라 인간이라는 점이다. 우리의 두려움은 실제가 아니라, 아직 일어나지 않은 미래를 상상하며 만들어 낸 감정이다. 실제로 그런 일이 벌어질 수도 있지만, 아닐 수도 있다. 그럼에도 우리는 그 상상의 고통 때문에 현실의 가능성을 스스로 포기하고 만다.

따라서 우리가 첫 번째로 해야 할 일은 자신의 마음속 갈등의 심리를 정확히 인식하는 것이다. 진짜 장애물은 외부가 아니라, 내 마음속에 있다. 그리고 그것을 직면하지 않는 한, 어떠한 조건이나 조언도 앞으로 나아가게 할 수 없다.

용기란 안전이 보장된 조건에서 발휘되는 것이 아니다. 진짜 용기는 두려움이 없는 상태가 아니라 두려움을 극복하며 내딛는 한 걸음이다. 망설여진다면, 그때가 바로 움직일 순간이다. 완벽한 순간은 절대 오지 않는다.

A man who fears suffering is already suffering from what he fears.

– Michel de Montaigne

어떤 일을 하든 최악의 상황부터 떠올리는 사람들이 있다. 실패하거나 거절당할 바에야 처음부터 시도조차 하지 않겠다고 다짐한다. 그러나 불안을 피해 도망가려 할수록, 그 불안은 오히려 더 매섭게 우리를 쫓아온다. 이때 불안을 미리 예방하고 더 철저하게 통제하겠다는 다짐은 오히려 최악의 상황을 불러온다.

> "고통을 두려워하는 사람은
> 벌써 그 두려움에 고통받고 있다."
>
> -미셸 드 몽테뉴(르네상스 시대 프랑스의 철학자)-

처음에는 내가 눈치 빠르고 배려심 깊은 사람이라 생각했다. 누군가 불편해 보이면 먼저 다가가 도왔고, 말없이도 필요한 일을 처리했다. 하지만 시간이 흐르면서 그런 배려는 당연한 것이 되었다. 거절은 쉽지 않았고, 그러다 보니 내 일은 쌓이기만 했다. 그래도 사람들에게 무능해 보이고 싶지 않았다. 그래서 다시는 준비 없이 나서지 않겠다고 다짐했다. 그때부터 어떤 일이든 최악의 상황부터 떠올렸고, 실수할 가능성을 처음부터 차단하려고 노력했다. 확실히 할 수 있는 일만 했고, 실패할 것 같은 일은 시작하지 않았다. 확인을 여러 번 하지 않으면 불안해졌고, 식사 중에도 생각을 멈출 수 없어 체하는 날이 많아졌다.

사람들은 나를 철저하고 책임감 있는 사람이라 했지만 나는 두려움에 쫓기듯 스스로를 증명하려 애쓰며 점점 지쳐가고 있었다.

불안을 통제하려는 마음이 오히려 불안을 키운다

불안 수치가 높은 사람들은 불안을 유발하는 상황 자체를 사전에 차단하려 한다. 불안은 외부의 위험으로부터 자신을 보호하기 위한 자연스러운 감정이지만, 이들은 이를 위협으로 인식해 아예 느끼지 않으려 한다. 그래서 삶을 통제하려는 성향이 강하며, 자신만의 규칙과 기준을 만들어 행동한다.

예를 들어, 타인과의 식사 약속을 앞두고 동선을 미리 확인하고, 식당의 대기 줄이 길 경우를 대비해 주변 식당까지 미리 검색해 둔다. 또한 돌아오는 길에 살 물건까지 꼼꼼하게 기록한다. 이처럼 작은 행동 하나하나에도 불안을 피하려는 전략이 깔려 있다.

처음에는 이러한 규칙들이 실제로 불안을 줄이는 데 도움이 되는 듯하다. 정해진 기준을 지키며 살면 세상은 이전보다 예측 가능해지고 위험을 대비할 수 있을 것처럼 느껴지기 때문이다. 덕분에 이들은 주변인들로부터 '자기 관리를 잘하는 사람', '도덕적이고 신중한 사람'으로 평가되며, 그로 인해 일시적인 안도감을 얻는다.

문제는 이 규칙을 자기 존재를 지탱하는 울타리로 인식할 때 발생한다. 한 번 안전하다고 여긴 틀은 점점 더 정교해지고, 예외를 허용하지 않게 된다. 결국 나를 지켜준다고 믿었던 틀이 스스로를 고립시키는 장벽으로 변질된다.

"이걸 지키지 않으면 모든 걸 처음부터 새로 시작해야 해."
"이 기준이 깨지면 뒷일은 도저히 감당할 수 없을 거야."

이렇듯 불안을 극복하기 위해 만들어 낸 보호막이 오히려 더 큰 불안을 불러온다. 규칙 안에 스스로를 가두는 것이다. 겉으로는 평온해 보여도 속으로는 그 기준이 어긋날까 걱정하는 것이다.

규칙대로 흘러가지 않는 세상

예측할 수 없는 세상의 흐름은 이들을 더욱 지치게 한다. 아무리 계획을 철저히 세워도 예외는 발생하고, 타인은 내 생각대로 움직여 주지 않는다. 누군가는 약속에 늦고, 동료는 실수를 반복한다. 공공장소에서 큰 소리로 통화하는 사람, 새치기하는 사람, 쓰레기를 함부로 버리는 사람도 있다. 규칙을 지키지 않는 타인의 행동은 불안을 통제하려는 이들에게 단순한 불편을 넘어 심리적 위협으로 다가온다.

"왜 저 사람은 기본적인 예의도 지키지 않는 거지?"

"왜 이렇게 당연한 걸 모르는 거야?"

마음의 울타리가 높고 단단한 사람은 규칙을 무시하는 타인에게 분노를 느끼고, 때로는 격하게 감정을 표현한다. 마트, 지하철, 거리에서 오가는 고성의 본질은 대개 "왜 당신은 내가 당연하다고 믿는 규칙을 지키지 않느냐"라는 일방적인 기대에서 비롯된다. 하지만 모두 똑같은 기준을 따를 수는 없으며, 현실은 예외로 가득하다. 그러나 이들은 그 간극을 좀처럼 받아들이지 못한다. 그래서 스트레스를 꾹꾹 눌러 참다가, 결국 한순간에 터지듯 폭발하고 마는 것이다. 규칙이 많아질수록 예외 상황은 더 자주 발생하고, 그때마다 심리적 불안도 더욱 커진다. 자신의 기준을 타인에게까지 적용하면 세상은 갈등과 충돌의 공간으로 변하게 된다.

세상에 정답은 하나가 아니다. 그저 각자 맞다고 생각하는 선택지를 고를 뿐이다. 지나치게 엄격한 기준을 가진 사람은 다른 사람의 생각을 쉽게 '오답'으로 단정하고, 그것을 비난하거나 처벌하려 한다.

    이처럼 높은 통제 욕구는 처음에는 나를 보호하는 안전장치처럼 보이지만, 결국 유연성을 잃게 만들고 감정 회복력을 떨어뜨린다. 기준을 지키지 못했을 때의 감정 반응은 점점 격해지고, 일상에서도 과도하게 반응하는 자신을 발견하게 된다. 아직 아무 일도 없는데 불안하고, 실패하거나 상처받거나 거절당한 기분이 드는 이유는 외부가 아니라 내 머릿속에서 상상한 위협 때문이다.

울타리를 허물기 위해 안전한 관계 형성이 필요하다

    자기만의 울타리 안에 갇힌 사람은 시간이 지날수록 그 울타리를 단단히 붙잡게 된다. 상처받지 않았음에도 상처받을 가능성만으로 하루를 보내고, 그런 자신을 자책하며 괴로워한다. 고통을 피하기 위해 하루를 보내는 그들은, 사실 이미 고통의 중심에 서 있는 셈이다.

    문제는 자신의 기준과 규칙이 불안의 원인이 아니라 유일한 해답이라고 믿는 데 있다. 통제를 내려놓는 순간 불안이 폭발할 것 같은 두려움, 규칙을 깨면 자신이 무너질 것 같은 공포 속에서 누군가가 "그렇게까지 안 해도 돼"라고 말하면, 오히려 방어적으로 반응하게 된다.

    이들에게 울타리를 치우자고 제안하는 것은 너무 섣부른 요구다. 조언이나 문제 해결보다 먼저, 무조건적인 수용이 가능한 관계가 필요하다. "나를 판단하지 말고, 있는 그대로 말을 들어 달라"라는 요청이 우선되어야 한다. 어떤 상황, 어떤 행동이든 전적으로 이해해 줄 사람이 필요하다.

    무조건적인 수용이 가능한 관계가 형성된 이후에도, 그 울타리를 허무는 데에는 몇 달, 어쩌면 그 이상이 걸릴 수 있다. 그러나 그들을 옭아매는 규율이나 규칙을 허물기 위해서는, 무엇보다 끝없는 포용의 관계가 먼저 이루어져야 한다.

    아무리 헌신적인 사람을 만나더라도 이런 관계를 건강하게 지속하는 것은 쉽지 않다. 그럴 때는 전문가와의 상담을 추천한다. 상담가는 상처투성이인 자신을 드러낼 수 있는 첫 번째 안전지대가 되어 준다. 물론 친구나 가족도 좋은 위로와 지지를 줄 수 있지만, 무조건적으로 수용하는 태도를 오랫동안 유지하기는 어렵다.

    상담가는 그 울타리가 왜 만들어졌고, 어떤 배경에서 비롯되었는지 함께 탐색하며, 그 기준 없이도 살아갈 수 있다는 경험을 쌓도록 도울 것이다.

이 과정은 느리고 반복적이며, 때로는 처음부터 다시 시작해야 할 때도 있겠지만 진정한 변화를 시작하기 위해 꼭 필요한 과정이다. 그렇게 울타리가 서서히 해체될 때, 비로소 자신이 느끼는 불안의 정체를 이해할 수 있다.

There are two mistakes in life: the first is not starting, and the second is not finishing.

– Paulo Coelho

'시작이 반'이라는 말이 있다. 해야 할 일은 산더미인데 몸은 움직이지 않을 때, 끝없는 무력감에서 벗어나고 싶을 때는 이불부터 정리하라는 조언을 들어 본 적이 있을 것이다. 이처럼 작은 행동 하나가 변화를 이끌어 낸다. 일단 무엇이라도 시작했다는 것은 박수를 보낼 일이다. 그러나 시작만큼 중요한 것은 결말이다. 끝까지 해내기 위해 필요한 것은 무엇일까?

> "인생에는 두 가지 실수가 있다.
> 첫째는 시작하지 않는 것,
> 둘째는 끝내지 않는 것이다."
>
> -파울로 코엘료(브라질의 소설가)-

시작의 무게는 사람마다 다르다. 누군가에게는 가볍고 설레는 출발이지만, 어떤 이에게는 깊은숨을 들이켜야 겨우 내디딜 수 있는 첫걸음이다. 특히 마음이 섬세한 사람은 그 첫발을 내딛기까지 훨씬 더 많은 시간과 용기가 필요하다. 이들의 머릿속에서는 수십 가지 시나리오가 펼쳐진다. 실패할까 봐, 거절당할까 봐, 상처받을까 봐 미리 아프다. "괜히 시작했다가 또 실망하면 어쩌지", "내가 잘할 수 있을까?" 끝도 없는 걱정으로 움츠러든다. 감정의 속도는 행동의 속도를 훨씬 앞지른다. 그래서 이들에게 '시작'은 단순한 출발이 아니다. 두려움을 무릅쓰고, 실패의 가능성을 받아들이며, 마음의 장벽을 넘는 작은 기적 같은 일이다. 아무도 모를 그 시작의 순간이야말로 자신과의 치열한 싸움에서 승기를 잡는 결정적 장면이다. 그렇기에 세심한 사람이 무언가를 시작했다는 사실은 그 자체로 용기이자, 축하받아 마땅한 성취다.

하지만 여기서 멈출 수는 없다. 시작이 아무리 위대하다고 한들 진정한 성과는 지속하는 힘에서 나온다. 처음에 의욕적으로 나아가더라도, 시간이 흘러 예상보다 과정이 쉽지 않고, 계획대로 되지 않으면 감정은 다시 흔들리기 시작한다. 자연스럽게 "이쯤에서 그만둘까?"라는 생각이 들고, 시도해 본 것만으로도 의미가 있다고 위안을 삼으며 '포기'라는 선택지를 떠올리게 된다. 이럴 때 우리에게 필요한 것은 무엇일까?

마음이 흔들릴 때 행동을 멈추면, 마음은 금세 제자리로 돌아간다

포기하고 싶은 유혹이 차오르더라도 결국 끝까지 하는 수밖에 없다. 시작했다면 하루에 한 걸음이라도 내디뎌야 한다. 그러면 마음은 그 행동의 리듬에 적응하기 시작한다. 뛰지 않아도 주저앉지 말자는 다짐이 어느 순간 루틴이 되고, 그 루틴이 쌓이면 자기 신뢰가 생긴다. 감정이 흔들려도 멈추지 않는 끈기는 작은 성과를 만들고, 그 성과들이 축적되면 결실이 된다.

심리학 연구에서도 불안을 견디는 데 끈기가 중요한 역할을 한다고 밝힌다. 미네소타 대학교 심리학 교수 콜린 드영Colin G. DeYoung과 토론토 대학교 심리학 교수 조던 피터슨Jordan B. Peterson 등은 연구를 통해 사람들의 성격 구조를 분석했다. 감정적으로 예민한 사람일수록 불안에 쉽게 휘둘리고, 목표를 향해 꾸준히 나아가기 어려워한다. 그러나 이 연구에 따르면, 걱정이 많아 주저하는 사람들 중에서도 근면성Industriousness이 높은 사람들은 달랐다. 불안을 느끼면서도 멈추지 않고, 맡은 일을 끝까지 해내는 실행력(근면성)을 보인 것이다. 이는 감정적 예민함에 실행력이 더해질 때, 불안이 오히려 성장의 연료가 됨을 보여 준다. 결국 중요한 것은 불안을 안고서도 계속 나아가는 지구력을 기르는 것이다.

돌고 돌아 중요한 것은 끝까지 하는 것

세상은 결과로 판단한다. 그러나 예민한 마음을 지닌 사람의 진짜 가치는, 그 걱정을 이겨 내고 만들어 낸 '지속의 흔적'에 있다. 그 흔적이 차곡차곡 쌓일 때 누군가는 그 감수성에 감동하고, 또 누군가는 그 꾸준함에 존경심을 느낀다.

그러니 너무 서두를 필요는 없다. 마음이 자주 흔들리고 예민하게 반응한다는 것은 세상을 밀도 있게 받아들이는 섬세한 감각이 있다는 뜻이다. 시작이 어려운 건 대충하고 싶지 않기 때문이고, 시작하고도 불안한 건 그만큼 진심이기 때문이다. 세상은 빠르게 해내는 사람을 기억하는 것 같지만, 실은 끝까지 하는 사람을 오래 기억한다. 그러니 당신의 느리고 조용한 걸음은 결코 뒤처진 것이 아니다. 당신의 길 위에서, 당신의 속도로 그렇게 계속 걸어가면 된다. 그렇게 매일 조금씩 나아가는 사람은, 결국 반드시 도착하게 되어 있다.

끝까지 해내는 10가지 법칙

① 조금씩이라도 해냈다면, 그건 내가 멈추지 않았다는 증거다.
② 마음이 흔들릴 땐 생각보다 손을 먼저 움직인다.
③ 어제보다 단 1퍼센트라도 나아졌다면 그것으로 충분하다.

④ 무엇이든 끝까지 해 본 적이 있다면, 그 기억을 믿어도 좋다.

⑤ 힘든 날엔 잠시 멈춰도 괜찮다. 다만, 가야 할 방향만은 기억하자.

⑥ 남들이 몰라도 괜찮다. 내 진심은 내가 제일 잘 안다.

⑦ '해야 하니까'가 아니라, 하고 나면 마음이 훨씬 편해진다.

⑧ 완벽하게 시작하지 않아도 괜찮다. 꾸준히 하다 보면 나만의 리듬이 생긴다.

⑨ 작은 성취를 스스로 인정할 줄 아는 사람이 결국 큰 꿈을 이룬다.

⑩ 나는 느릴 수 있다. 하지만 멈추지만 않으면 반드시 도착하게 된다.

He who asks timidly, teaches others to refuse.

– Seneca

말하지 않았는데도 누군가가 내 마음을 알아주었을 때 특별한 감동을 느끼게 된다. 그러나 그런 일은 매우 드물다. 심지어 나조차도 내 마음을 모를 때도 있지 않은가? 그러므로 내 마음을 알아주지 못하는 사람에게 실망할 필요는 없다. 어차피 우리 대부분은 서로의 마음을 모른 채 살아간다.

> *"소심한 부탁은 거절을 부를 뿐이다."*
>
> –세네카 (로마 시대 스토아 철학자)–

의사 표현이 능숙한 사람은 필요할 때 자연스럽게 도움을 청하고, 원치 않으면 거절한다. 자신이 남에게 쉽게 도움을 구하는 만큼, 누군가의 부탁도 가벼운 마음으로 대한다. 반면 태생적으로 걱정이 많은 사람에게 명확한 의사 표현은 상당히 부담스러운 일이다. 그들은 부탁 하나를 꺼내기까지 수많은 생각을 거친다. 이 말을 꺼냈을 때 상대가 부담스러워하지 않을지, 혹시 거절당하면 어떻게 대처할지, 내가 의존적인 사람으로 비치지 않을지 등 온갖 걱정이 뒤따른다. 일부 고민은 현실적이고 어떤 고민은 지나친 상상이지만, 걱정이 많은 사람에게는 모두 진지한 가능성이다.

그리고 그 수많은 걱정 끝에 겨우 꺼낸 말은 대개 이렇게 시작한다. "혹시 바쁘지 않으면…", "부담되면 안 해도 괜찮은데…", "그냥 한 번 물어보는 건데…." 하지만 부탁을 받은 사람은 그 요청이 상당히 깊은 고민을 거친 결과라는 걸 모른다. 만약 요청을 받은 사람이 그 부탁 자체를 잊어버리거나 가볍게 넘긴다면, 부탁을 한 사람은 깊은 서운함을 느낀다. 자신은 어렵게 꺼낸 말인데, 상대는 아무렇지 않게 흘려버렸다는 느낌에 상처를 입는 것이다.

투명성 착각: 내 생각을 남도 알고 있을 거라는 착각

부탁을 거절당했을 때 흔히 하는 오해가 있다. 바로 상대방도 나처럼 내 마음을 잘 알고 있을 거라는 착각이다. 그 부탁을 건네기까지 얼마나 많은 걱정과 망설임이 있었는지, 그리고 말하는 것만으로도 얼마나 큰 용기가 필요했는지는 부탁한 사람만이 안다.

심리학자 토머스 길로비치*Thomas Gilovich*는 이 현상을 '투명성 착각*Transparency Illusion*'이라고 설명했다. 투명성 착각이란, 내 감정이 다른 사람에게 잘 드러난다고 믿는 심리적 착각을 의미한다. 그는 '내가 생각하는 내 마음'과 '남들이 생각하는 내 마음'의 차이를 비교하기 위해 실험을 진행했다.

일명 '불쾌한 음료 실험 *foul-tasting drink experiment*'이라 불리는 이 실험은 참가자와 관찰자 그룹으로 나누어 진행되었다. 먼저 참가자들은 다섯 가지 음료를 마셨다. 그중 네 가지는 맛있는 음료였지만, 나머지 하나는 의도적으로 불쾌한 맛이 나도록 만들어졌다. 연구진은 참가자들이 음료를 마시고 반응하는 모습을 촬영했다. 시음이 끝난 후, 참가자들은 다음과 같은 질문을 받았다. "누군가 당신이 음료를 마시는 비디오를 본다면, 그 사람들은 당신이 어떤 음료를 싫어했는지 알 수 있을까요?" 음료를 마신 참가자들은 다른 사람이 불쾌한 음료가 무엇인지 알아챌 거라 예상했다.

그러나 결과는 정반대였다. 관찰자들은 비디오를 보고도 정답을 맞추지 못했다. 참가자들은 자신이 느끼는 강렬한 감정(여기서는 불쾌감)이 얼굴에 훤히 드러났을 것이라고 믿었지만, 관찰자는 그 감정의 변화를 세밀하게 감지하지 못했다. 이 실험은 우리가 느끼는 감정이 타인에게도 당연히 전달될 거라는 믿음이 얼마나 큰 착각인지를 잘 보여 준다.

부탁할 때 필요한 것은 명확한 표현

"소심한 요청은 거절을 부른다"라는 세네카의 말은 뻔뻔하고 무례하게 행동하라는 뜻이 아니다. 진심 어린 부탁일수록 상대가 이해할 수 있게 명확히 표현해야 한다는 의미다. 우리는 생각보다 다른 사람의 마음을 읽는 데 능숙하지 않다. 말하지 않으면 모르는 것이 당연하다. 어쩌면 상대방은 내가 얼마나 진심인지 관심조차 없을 수도 있다. 그러니 부탁하는 사람은 '조심스럽게'가 아니라 '정확하게' 표현하는 것에 초점을 맞추어야 한다. 하고 싶은 말의 핵심이 무엇인지, 왜 그런 부탁을 하게 되었는지, 어떤 도움을 기대하는지, 상대방이 쉽게 이해할 수 있는 언어로 전달해야 한다. 그래야 상대방도 그 요청을 어떻게 받아들일지 판단할 수 있다. 그것이야말로 진짜 배려다.

부탁을 거절당하더라도 상대가 거절한 것은 '내 부탁'이지 '내'가 아니라는 사실을 이해해야 한다. 상대방의 사정 때문일 수도 있고, 현재 상황에서 승낙하기 어려운 요청이었기 때문에 거절한 것일 수도 있다. 거절당한 것은 어디까지나 부탁이다. 그런데 이를 내 마음이 거절당한 것으로 받아들이면, 결국 내 마음에 내가 상처를 주는 꼴이 된다.

상대가 이해할 수 있도록 명확한 언어로 전달했다면, 그 이후의 일은 있는 그대로 받아들이면 된다. 내 요청의 가치를 상대의 반응으로 판단하지 말자. 내 마음이라는 음료의 맛은 원래 나만이 아는 것이다.

부탁이 쉬워지는 10가지 심리 기술

① 요청의 핵심을 미리 정리해 둔다.

　감정과 걱정이 얽혀 있을수록 정작 전하고 싶은 말은 흐려질 수 있다. 내가 원하는 것이 정확히 무엇인지 글로 써 보자. 생각이 선명해진다.

② 부탁의 이유를 솔직하게 밝힌다.

　"이 말을 꺼내기까지 고민이 많았다"라는 말만으로도 충분한 전달력이 있다. 진심이 담긴 말은 방어가 아닌 공감을 불러일으킨다.

③ 상대가 판단할 수 있는 여지를 준다.

　"혹시 가능하다면"이라는 표현은 단지 말을 흐리는 것이 아니다. 열린 조건 속에서도 요청의 핵심은 또렷하게 말하는 것이 중요하다.

④ 부탁의 구체적인 내용과 기간을 함께 이야기한다.

상대가 망설이는 이유 중 하나는 '내가 얼마나 도와야 하는지 몰라서'이다. 부탁은 구체적일수록 받아들이기 쉽다.

⑤ 상대에게도 거절할 권리가 있다는 걸 인정한다.

부탁은 어디까지나 제안일 뿐이지 강요가 아니다. 상대의 입장과 감정을 인정하면, 거절을 덜 감정적으로 받아들일 수 있다.

⑥ 부탁의 표현을 미리 연습하거나 글로 써 본다.

문자나 메모도 괜찮다. 글로 써 보는 과정에서 감정이 정리되고, 말할 때도 더 명확하게 표현할 수 있다.

⑦ 거절을 곧 '나에 대한 거부'로 해석하지 않는다.

거절은 부탁하는 사람에 대한 것이 아니라, 요청의 내용이나 상황에 대한 판단일 뿐이다.

⑧ **과거의 거절 경험과 연결 짓지 않는다.**

이전에 거절당한 기억이 떠오를 수 있지만, 그 감정에 휩쓸릴 필요는 없다. 그건 어디까지나 과거의 일이며, 지금은 상황도, 감정도 달라졌을 수 있다. 이전의 상처를 끌어오지 말고, 지금 이 순간에 집중해 요청하자.

⑨ **부탁 이후 스스로를 격려한다.**

결과가 어떻든, "어렵게 말했어. 그 자체로 잘했어"라고 생각한다.

⑩ **부탁을 했다는 사실 자체가 성장의 증거다.**

거절 여부와 상관없이, 솔직하게 요청할 수 있었다는 것 자체가 이전의 나보다 한 걸음 성장한 증거다. 부탁은 용기에서 시작되고, 그 용기는 스스로를 존중하는 힘이 된다.

An early-morning walk is a blessing for the whole day.

– Henry David Thoreau

어디서부터 잘못된 건지조차 가늠할 수 없을 만큼 막막한 순간이 있다. 내 삶의 문제가 학창 시절부터였는지, 대학을 가지 않아서였는지, 아니면 더 좋은 대학에 가지 못해서였는지. 그때 잘못된 사람을 만난 탓일까, 결혼을 너무 서둘렀거나, 혹은 하지 않아서일까. 첫 직장에서 꼬였던 것이 시작이었을까, 아니면 애초에 내가 이런 성격이라서 그랬던 걸까. 모든 게 복잡하게 얽히고 얽혀, 세상 자체가 미워지고, 그냥 소리 질러 버리고 싶은 순간이 있다. 그럴 때는 생각을 비우고, 마음보다 몸을 먼저 움직여야 한다.

> "하루를 축복 속에서 보내고 싶다면
> 아침에 일어나 걸어라."
>
> -헨리 데이비드 소로(미국의 시인, 수필가)-

무기력한 날에는 아무것도 하기 싫다는 생각이 몸과 마음을 짓누른다. 무기력의 원인은 수만 가지다. 이유를 끝없이 파헤치다 보면 결국 아무 일도 못 한 채 하루가 흘러간다. 이럴 때 위로가 될 만한 말은 많다. "괜찮아", "다 잘될 거야", "지금은 그럴 수도 있어." 물론 이 말에도 진심이 담겨 있지만, 이미 복잡한 마음엔 잘 와닿지 않는다. 무너진 마음과 일상 가운데, 몸과 마음은 점점 탄력을 잃은 고무줄처럼 늘어진다.

    그럴 땐 몸부터 움직여야 한다. 아침에 일어나 무작정 걷자. 방을 정리하고 밖으로 나가 피부에 닿는 햇빛, 발바닥에 느껴지는 땅의 느낌을 오롯이 느껴 보자. 이것만으로도 몸은 회복의 신호를 보내기 시작한다.

우울증을 호소하는 사람들

요즘처럼 정신적 피로가 일상이 된 사회에서 우울증을 호소하는 사람은 갈수록 늘고 있으며, 항우울제 처방 건수도 가파르게 증가하고 있다. 불면증, 불안장애, ADHD 관련 약물 처방 또한 꾸준히 늘어나면서 우리 사회 전체가 깊이 지쳐 가고 있다. 우울한 감정이 자주 찾아올수록 몸의 리듬을 회복하는 행동이 필수적이다. 걷고 싶지 않더라도 몸을 일으켜 신체가 지닌 회복 능력을 직접 자극해야 한다. 이렇게 스스로 몸을 움직여 회복 과정에 참여하는 것을 '행동 활성화 *Behavioral Activation*'라고 한다. 이는 외상 후 스트레스 장애*PTSD*나 우울증 치료에 효과적인 것으로 잘 알려져 있다. 다시 말해, 우울한 마음이 현대인의 감기 같은 증상이라면, 몸을 움직이는 행동은 해열제가 되는 셈이다.

우울함은 영원히 지속되지 않는다

우울증 치료에 큰 기여를 한 정신과 의사 데이비드 번스 *David D. Burns*는, 아무리 심한 우울감을 겪더라도 언제나 회복할 가능성이 존재한다고 설명했다. 우울할 때는 목표를 높게 잡지 말고, 기초적인 것부터 충족되는지 점검하라고 하였으며, 무엇을 하겠다는 기분이 들 때까지 기다리기보다 행동부터 시작하라고 강조했다.

    이 밖에도 수많은 연구와 격언은 몸을 움직이는 것이 회복의 가장 확실한 방법이라고 알려 준다. 신체의 움직임은 풀지 못한 마음의 매듭을 부드럽게 풀어 준다. 이불을 개고, 옷을 갈아입고, 바깥 공기를 마시는 사소한 행동이 회복의 출발점이 된다. 이것도 저것도 모르겠고, 마음이 복잡할 대로 복잡해졌다면 생각을 정리하려 애쓸 필요 없다. 그런 순간에는 문을 열고 밖으로 나가 햇빛을 쐬며 걷는 것이 훨씬 낫다. 그러한 작은 움직임이 내일의 가벼운 마음으로 이어질 것이다.

Being stable means finding people who skillfully control themselves and staying beside them.

– Harry F. Harlow

마음이 여리고 섬세한 사람들은 사랑하는 사람에게 기대고 싶어 한다. 그 사람이 마치 나를 구원해줄 운명의 상대로 느껴져서일 수도 있고, 혹은 그 사람 자체에 깊이 빠져서 그런지도 모른다. 그러나 아무리 사랑하는 관계라도 언젠가는 갈등이 생기기 마련이다. 그리고 갈등이 생길 때마다 누구보다 크게 상처받는다. 그럴 때 문득, 내가 너무 상대방에게 기대고 있는 것은 아닌지, 이 관계가 건강한 사랑인지 걱정하기 시작한다.

> "안정은 자신을 잘 다스리는 사람을
> 곁에 두는 데서 시작된다."
>
> –해리 할로우 (애착 이론으로 유명한 심리학자)–

사랑하는 사람과 함께 하루의 모든 순간을 함께하길 원하는 사람들이 있다. 문자 한 줄, 눈빛 하나에도 큰 의미를 담고, 말하지 않아도 내 마음이 전해지기를 바란다. 불안한 감정마저 그 사람 곁에 있을 때는 조용히 가라앉는다. 그들은 상대를 세상의 거센 파도 속에서 자신을 건져 줄 영혼의 단짝이라 믿는다. 사랑하는 사람의 존재만으로도 삶의 방향이 선명해지는 것 같아 더욱 깊이 빠지고, 더 많이 주며, 더 많이 기대하게 된다. 이런 마음은 조심스럽지만, 진심 그 자체다.

하지만 아무리 간절한 사랑이라도, 서로 다른 두 사람이 만난 이상 갈등과 오해는 피할 수 없다. 감정이 여린 사람들은 그 갈등 속에서 깊이 상처받는다.

"내가 너무 의존적이었던 건 아닐까?"

"내 사랑은 건강하지 않은 걸까?"

그런 생각이 시작되면 자책은 눈덩이처럼 불어난다. 너무 사랑해서 오히려 미움을 받게 된 것 같고, 상처받은 나의 잘못이 더 큰 것처럼 느껴진다. 하지만 그렇지 않다. 감성적으로 살아가는 사람들의 '의존'은 부족해서가 아니라, 사랑하기에 생기는 자연스러운 반응이다. 상대에게 전적으로 기대고 싶고, 모든 것을 함께 나누고 싶은 마음. 그건 약점이 아니라 쉽게 흉내 낼 수 없는 감정의 깊이이자 순수한 사랑이다.

인간을 인간답게 만드는 애착

심리학자 해리 할로우 *Harry Harlow*는 "애착은 생존을 위한 수단인가, 아니면 정서적 필요인가?"라는 질문에서 출발해 심리학사에 길이 남을 유명한 실험을 고안했다. 당시 심리학계에서는 인간을 포함한 동물의 애착 행동이 '먹이'와 같은 생리적 욕구를 충족하기 위해 존재한다는 견해가 우세했다. 다시 말해, 아기가 어머니에게 애착을 느끼는 이유는 생존에 필요한 음식을 제공받기 때문이라는 것이다. 할로우는 이러한 통념에 의문을 던졌다. 사람이 누군가에게 애착을 느끼는 데는 생존이 아닌 다른 이유가 있을 수도 있다는 생각이었다. 이를 확인하기 위해 할로우는 새끼 원숭이를 대상으로 실험을 진행했다.

진짜 어미 대신 젖병이 달려 있어 먹이를 제공할 수 있는 철사로 만든 인형과, 먹이는 없지만 부드러운 천으로 감싼 인형을 둔 다음, 새끼 원숭이에게 선택하게 했다. 관찰 결과, 새끼 원숭이들은 배가 고플 때만 철사 인형에 잠시 다가가 먹이를 먹었고, 남은 시간 대부분은 따뜻한 감촉이 있는 천 인형과 함께 지냈다. 특히 스트레스를 받을 때는 어김없이 천 인형에게 달려가 매달렸다.

이 실험 결과는 당시 심리학계에 큰 반향을 일으켰고, 할로우는 애착은 단순한 생존 본능 이상의 것이며, 정서적 유대감과 안정감은 생존만큼이나 중요하다고 주장했다.

이 실험은 애착이 단순히 생존을 위한 수단이 아니라, 정서적 안정과 유대감을 위한 본능적 욕구임을 보여 준다. 먹이를 주는 존재보다 따뜻함을 주는 존재에게 애착을 느낀다는 사실은, 인간 역시 감정적 위안을 본능적으로 원한다는 것을 시사한다. 결국 '사랑받고 있다'는 느낌은 감정을 넘어서, 인간 생존을 지탱하는 심리적 힘이 된다.

순수한 애착은 상대방을 감동시킨다

할로우의 실험처럼 인간에게 애착은 지극히 자연스러운 감정이다. 그리고 애착의 대상이 되는 사람에게도 그것은 마찬가지다. 사랑을 받는 입장에서 가장 뭉클한 순간은, 누군가가 자신의 마음을 온전히 내어 주고 그 감정을 고스란히 맡길 때다. 그 마음이 얼마나 용기 있는 것인지 아는 사람은 더 상대를 지켜 주고 싶고, 단단한 관계를 꿈꾸게 된다. 남성의 입장에서는 상대를 보호하고 싶은 기사도 정신을 자극하는 매력 포인트가 되기도 하고, 여성의 입장에서는 겉은 강인해 보이지만 그 안에 담긴 순수한 마음은 누구보다 진실하다는 인상을 받는다. 누군가가 나를 전적으로 믿고 기대는 일은 짐이 아니라, 사랑받는 사람만이 누릴 수 있는 특권이다. 그러니 상대방이 부담을 가질까 주저하지 않아도 된다.

상처를 받았다고 해서 다음에는 덜 사랑하겠다고 다짐하지 말자. 진심 어린 사랑을 할 수 있다는 것 자체로 당신은 이미 소중하고 아름다운 사람이다. 물론 모든 것을 상대에게 의지하며 사랑 안에서 자신을 잃는 의존은 경계해야 한다. 하지만 섬세한 성격이 만들어 낸 감정과 사랑하는 사람에게 기대고 싶은 마음은 감추거나 부끄러워할 단점이 아니다. 깊고 진실한 사랑을 할 수 있는 소중한 능력이다.

애착하되 집착하지 말 것

　연애를 할 때 흔히들 "상대에게 의존하지 말아야 한다", "스스로의 삶을 단단히 꾸려야 한다"라고 말한다. 맞는 말이다. 자신의 삶을 주도적으로 이끌고, 연애에 휘둘리지 않는 태도는 건강한 관계를 위한 중요 요소다. 하지만 그런 태도를 지나치게 고수하다 보면 오히려 나다움을 잃기도 한다. 특히 마음이 여리고 섬세한 사람에게는 '독립적인 연애'라는 이상이 오히려 '나다운 사랑'을 억압하는 족쇄가 되기도 한다.

　누군가와 하루를 함께하고, 사소한 말과 행동에 쉽게 마음이 흔들리는 것은 미성숙해서가 아니라, 사랑에 진심이기 때문이다. 그런 사람에게 '너무 기대지 말라', '혼자서도 괜찮아야 한다'는 조언은 꾸중이나 다름없다. 이런 조언은 그들에게 자책감을 유발한다. 잘못된 사랑을 하고 있는 건 아닐까, 불안한 것도 다 내 탓인 걸까 생각하며 스스로를 미숙한 사람으로 여기게 된다.

　진심 어린 사랑을 하는 사람에게는 그 어떤 잘못도 없다.

감정이 풍부한 이들의 사랑은 더 깊고 넓다. 깊은 사랑에 빠진 사람은 상대에게 마음을 기대고 싶어 한다. 그리고 상대도 나에게 온 마음을 기댈 수 있기를 바라고 기대한다. 그것이야말로 사랑의 본질이라는 것 또한 누구보다 잘 알고 있다.

물론 혼자 있어도 아무렇지 않은 연애가 멋져 보일 수 있다. 하지만 섬세한 성격의 사람에게 진짜 필요한 것은 예민한 모습 그대로 상대방에게 기대어도 안심할 수 있는 관계다. 독립적인 연애에 연연하지 않고 그저 진심을 나눌 수 있는 상대가 있다면, 성숙한 연애를 하고 있다고 자신해도 좋다.

다만 애착을 집착으로 오해하지 않게 하려면 솔직해져야 한다. 애착을 들키지 않기 위해 애쓰기보다 나는 애착이 많고, 사랑하는 사람에게 깊이 빠지는 성향이 있다고 상대에게 털어놓는 편이 낫다. 만약 상대가 부담스러워한다면, 무조건 이해해 주길 강요하지 말자. 사랑하는 마음을 표현하는 것은 자유지만, 내 불안을 해소해 달라고 요구할 권리는 없다.

애착은 서로를 따뜻하게 이어 주는 끈이다. 하지만 그것이 집착으로 흐르면 결국 상대를 억누르고 관계를 무너뜨리게 된다. 만약 상대가 내 애착을 이해하고 받아들인다면, 숨기지 말고 당신만의 방식으로 진심을 다해 사랑해도 좋다. 세상에서 가장 아름다운 사랑을 하고 있다고 생각하면서. 그 사랑은 부족하거나 지나치지 않다.

　상대가 먹이를 주지 않더라도 그가 가진 포근한 안식처에 머물고 싶어 다가가는 것은 나약함이 아니다. 보드랍고 따뜻한 서로의 안식처가 되어, 그 안에서 각자가 구해 온 먹이를 나누어 먹는 것. 그것이 가장 절실하고 깊은, 최고의 사랑이다.

> 심리학자의 한마디

속이 단단한 나무는 햇빛이 적고
눈보라가 몰아치는 곳에서 자란다

심리학은 인간의 불안과 걱정을 어떻게 줄일 것인가를 연구해 왔다. 대부분의 해결책 또한 불안을 잠재우는 데 목적을 둔다. 그러나 이러한 접근은 본질적으로 틀렸다. '불안을 줄이는 것'은 그 자체가 목적이 아니라, 나다움을 잃지 않고 살아갈 때 자연스럽게 따라오는 결과일 뿐이다.

걱정이 많다는 것은 세상을 섬세하게 바라본다는 것이기도 하다. 평범한 사람이 상하좌우만 살핀다면, 걱정이 많은 사람은 앞뒤, 양옆, 과거, 현재, 미래까지 고려한다. 점검할 항목이 많아 시간이 걸리는 것을 소심함이나 결단력 부족으로 치부해서는 안 된다.

그러나 세상은 속도와 결과를 먼저 요구한다. 빨리 결정하고, 움직이고, 성과를 내길 기대한다. 그래서 불안과 걱정이 많은 사람들은 지금의 현실이 버겁다. 스스로를 바꾸려 애쓰지만 번번이 좌절한다. 불안을 낮추는 것이 목적이면 결과는 늘 실패일 수밖에 없다. 쉽게 예민해지고 긴장하는 것이 본인의 특성임을 인정하는 것이 근본적인 해결 방법이기 때문이다. 느리더라도, 시작이 버겁더라도 속도와 타이밍에 얽매이지 않고 끝까지 해내겠다는 마음을 갖는 것, 일단 시작한 다음 완벽하지 않아도 결국 완성해 내는 것이 올바른 해결책이다.

햇살이 강한 열대 지방에서는 나무가 빠르게 자라지만, 속이 비어 쉽게 부러진다. 반면, 북유럽의 나무들은 긴 겨울과 눈보라를 견디며, 짧은 햇빛을 붙잡아 천천히 자란다. 하루하루 눈에 띄지 않을 만큼 느리게 성장하지만, 시간이 지나면 고급스러운 원목이 된다.

이 자연의 이치는 우리의 삶에도 그대로 적용된다. 걱정이 많다는 것은 최고급 원목이 될 자질이 있다는 뜻이다. 지금은 걱정이라는 눈보라가 쉴 새 없이 몰아치는 것 같아도, 포기하지 않고 자신의 속도로 나아가면 된다. 주변의 빠른 속도에 조급해하지 말고, 자신만의 속도를 믿어야 한다. 당신은 이미 더 깊고 단단한 길을 걷고 있다. 최고급 원목이 되기 위해 필요한 것은 뜨거운 햇빛이 아니라, 긴 겨울을 견디는 인내다.

그러니 지금 속도를 내지 못해도 괜찮다. 중요한 건 나만의 속도로 끝까지 가는 것이다. 걱정하며 남들보다 느리게 가는 동안, 세상 누구보다 단단한 사람으로 성장하고 있다는 것을 잊지 말자. 수많은 걱정 속에서 천천히 자란 당신은, 어느새 속이 꽉 찬 나무처럼 안정된 삶을 살아가게 될 것이다.

3장

세상의 시선에
굴복하지 않도록

The meaning of life is to give life meaning.

- Viktor Frankl

흔히 '개방적인 성격'이라고 하면, 관습 대신 서양식 사고방식을 따르는 것을 떠올린다. 이성 관계 또는 성에 대한 생각이 자유롭거나, 사회의 일반적인 도덕 기준에 얽매이지 않는 사람을 둘러서 표현하는 말로 쓰기도 한다. 그러나 심리학에서 말하는 '개방성'은 새로운 경험을 받아들이려는 마음, 창의적 사고, 상상력, 예술적 감수성 등을 포괄하는 성격을 뜻한다. 단순히 문화나 행동 방식에 대한 태도를 넘어, 생각을 유연하게 하고 새로운 것에 호기심을 가지는 성향인 것이다.

> "산다는 것은,
> 삶에 의미를 부여하는 것이다."
>
> -빅터 프랭클《죽음의 수용소》를 쓴 오스트리아 의사이자 철학자)-

K는 어릴 적 남들이 무심코 스쳐 지나치는 것들에도 흥미를 느끼는 아이였다. 나뭇잎 사이로 스며드는 빛을 멍하니 바라보고, 개미 떼를 한참이나 지켜보며 상상의 나래를 펼치곤 했다. 책 속 이야기나 TV 다큐멘터리에도 깊이 빠져드는 건 예사였다. 세상은 그에게 늘 낯설고 아름다운 놀이터였다. 질문이 많았고, 상상도 많았으며, 어른들에게는 "넌 참 연구 대상이다"라는 말을 자주 들었다.

그러나 지금의 그는 한숨이 늘었다. 직장과 월급이 무의미하게 느껴지고 어느 순간부터 삶이 연기처럼 느껴지기 시작했다. 출퇴근길에 접하는 세상의 혁신적인 소식에 잠시 마음이 뜨거워지지만, 회사 건물에 들어서는 순간 그 감정은 순식간에 식어 버린다. 사는 게 사는 것 같지 않고, 움직이지만 어디에도 닿지 않는 나날을 보낸다. 어릴 적 놀이터 같던 세상은 이제 직장인이라는 라벨을 달고 반복되는 업무를 수행하는 사무실이 되어 버렸다.

세상을 향해 열려 있는 사람의 고독

세상에 대한 열린 태도는 인간 내면의 인지적·감정적 구조와 연결되어 있다. 이러한 사람들은 규칙을 의심하고, 뻔한 답을 거부한다. 처음 보는 낯선 질문에 흥미를 느끼며, "왜 이렇게 해야 하지?"라는 질문을 습관처럼 떠올린다. 하나의 사물, 장면, 대화 속에서도 자신만의 해석과 연결을 찾아내려는 경향이 강하다.

이러한 기질은 무한한 가능성의 문을 연다. 남들이 미처 보지 못한 길을 먼저 걷고 익숙한 틀을 넘어 창의적인 해결책을 제시한다. 복잡하고 풀기 어려운 문제에 호기심을 품고, 다양한 문화와 가치관을 이해하며, 서로 다른 관점을 연결한다.

그러나 역설적으로, 사회는 이러한 성향의 사람을 '이질적인 존재'로 취급한다. 특히 조화와 동조를 미덕으로 여기는 한국 문화는 그들을 더욱 배타적으로 대한다. 질문이 많다는 이유로 분위기를 흐리는 사람으로 취급하고, 다른 의견을 제시하면 팀에 어울리지 못하는 문제 있는 사람으로 낙인찍는다. 정해진 절차를 따르지 않으면 '튀려고 한다'는 평가를 하고, 기존과 다른 새로운 시도를 할 때는 '비현실적'이라며 배제한다.

그래서 그들은 자신에게 묻곤 한다.

"나는 왜 이렇게까지 복잡하게 생각하는 걸까?"

"모두가 좋은 선택이라 말하는데, 왜 나는 자꾸 다른 길에 끌릴까?"

"이렇게 살아도 괜찮은 걸까?"

그러나 안타깝게도, 이러한 고민에 공감해 주는 사람은 많지 않다. 창의력과 상상력이 풍부한 사람들의 사고방식은 신선하게 느껴지지만, 그들과 적극적으로 함께하기에는 다소 부담스러운 인상을 준다. 웬만해선 그들의 이야기에 쉽게 공감하기 어렵다.

그래서 역설적이게도, 세상을 향해 마음을 연 사람일수록 오히려 현실에 갇혀 산다. 상상력과 창의력이라는 두 날개가 있지만, 세상은 그 날개를 펼치는 것을 좀처럼 허락하지 않는다.

빅터 프랭클이 알려 준, 의미가 갖는 힘

빅터 프랭클은 오스트리아 출신의 정신과 의사다. 그는 유대인이라는 이유로 아우슈비츠를 비롯한 여러 강제 수용소에 수감되었고, 그 과정에서 가족 대부분을 잃었다. 사람이 사람을 도구처럼 다루는 절망의 공간에서, 그는 절망 대신 하나의 질문을 붙들었다.

"이 모든 고통 속에서도, 삶은 여전히 의미를 갖는가?"

빅터 프랭클은 끔찍한 수용소 안에서도 삶의 의미를 잃지 않는 사람들이 있었다고 회고했다. 사랑하는 이를 다시 만나야 한다는 이유, 자신이 써야 할 책, 완성해야 할 연구, 혹은 단 하나의 문장을 다시 말해야 한다는 이유. 그 작은 의미 하나가 인간을 살아 있게 만드는 순간들을 그는 직접 목격했다. 반대로 삶의 의미를 잃어버린 이들은 잔혹한 현실에 지쳐 무감각해지거나, 극도의 공포와 긴장 속에서 원시적인 상태로 퇴행하는 모습을 보이기도 했다.

그가 수용소 생활을 통해 깨달은 것은, 인간이 살아남는 데 필요한 것은 '희망'이 아니라 '삶의 의미'라는 사실이었다. 그리고 그 의미는 거창할 필요가 없었다. 단 하나의 이유, 단 하나의 문장, 단 하나의 사랑. 자기 삶의 의미를 잃지 않은 사람만이 끝이 보이지 않는 그 끔찍한 수용소 생활을 버틸 수 있었다.

앞서 K 역시 같은 질문이 필요한 사람이다. 그가 지금 막막함을 느끼는 이유는 열정이 식어서가 아니라, 그 열정이 닿을 곳을 찾지 못하고 있기 때문이다. 그렇기에 개방성이 높은 사람일수록 스스로에게 끊임없이 질문해야 한다.

"나는 왜 이 일을 하는가?"

"지금 이 관계는 어떤 의미가 있는가?"

"내 삶의 방식은 나만의 고유한 이유를 가지고 있는가?"

이런 질문들은 삶을 복잡하게 만들고, 때로는 배부른 고민처럼 느껴질 수 있다. 하지만 이런 질문 없이는 살아 있다는 감각마저 희미해질 뿐이다. 그들은 '지금, 여기'가 의미를 가질 때에만 비로소 존재할 수 있다.

일상에 의미 부여하기

어릴 적, 초롱초롱한 눈으로 세상을 보던 우리는 어른이 되어 현실이라는 벽 앞에 서 있다. 좋은 직장, 안정적인 삶, 무난한 인간관계. 그것이 '잘 사는 것'이라고 배웠고, 어느새 그 틀 안에서 살아가고 있다. 그러나 이런 삶은 종종 우리를 지치게 하고, 일상에 안개를 드리운다.

우리에게 정말 필요한 것은 힐링이나 여행이 아니다. 책상에 앉아 마시는 커피, 메일함을 열고 닫는 습관적인 손놀림, 월급이 들어오는 날의 기분 같은 것들. 그 평범한 순간들을 다시 들여다보는 일이다.

- 나는 왜 이 일을 하고 있는가?
- 나는 왜 이 회사를 선택했는가?
- 나는 그 가능성을 지금도 기억하고 있는가?
- 내가 받는 월급은 내 삶에서 어떤 의미를 지니는가?
- 그 선택이 내게 어떤 가능성을 안겨 줄 거라 믿었는가?

이 모든 것은 과거의 내가 스스로 선택한 결정이었다. 그 선택의 의미를 곱씹다 보면, 대수롭지 않게 여겼던 행동들 속에서도 자신만의 의미를 발견하게 된다. 마치, 아무도 신경 쓰지 않던 작은 개미들을 유심히 바라보며 즐거워하던 어린 시절의 자신을 다시 마주하는 것처럼 말이다. 이 질문을 통해 회사 생활은 생존만을 위한 것이 아니었고, 월급은 단지 생필품을 사기 위해 버는 돈이 아니었다는 사실을 깨닫게 된다.

취직하기 전, "돈을 벌면 꼭 해 보고 싶다"라며 마음속에 품었던 그 무언가를 다시금 떠올리는 것이다.

자신이 끌리는 것을 자기 방식대로 해 보고 싶은 사람에게 회사는 때때로 감옥처럼 느껴질 수 있다. 하지만 그 감옥이, 의미 있는 목적지를 향한 하나의 정류장이라고 생각을 전환해 본다면 매일 아침 한결 가벼워진 마음으로 하루를 시작할 수 있을 것이다.

If you greatly desire something, have the guts to stake everything on obtaining it.

- Brendan Francis Behan

아무도 개척하지 않은 분야에서 남들이 "그건 안 될 거야"라고 말하는 방법으로 성공하고자 한다면, 언젠가는 모든 것을 걸어야 할 순간이 온다. 열망이 크다면, 그만큼의 위험도 감수해야 한다. 간절한 목표는 말보다 절실한 태도를 요구한다. 그 태도를 지닌 사람만이 상상을 현실로 바꿀 자격이 있다. 그 길은 외롭고 불확실하지만, 결국 세상은 자신의 모든 걸 내놓을 용기가 있는 사람들에 의해 바뀐다.

> "무언가를 열렬히 원한다면
> 그것을 위해 전부를 걸 배짱을 가져라."
>
> -브렌던 비언(아일랜드의 극작가)-

오랜만에 만난 친구 J는 회사 일이 늘 똑같고 고리타분하다며, 가슴 뛰는 무언가에 다시 도전하고 싶다고 털어놓았다. 평소 상상력이 풍부하고 자유분방한 성격을 자랑하던 J가 워라밸과 정년을 보장하는 회사에 취직했을 때부터 예견된 일이었다. 친구는 이제라도 하고 싶은 일을 찾아 나서고 싶다고 말했지만, 나는 안다. 친구는 내일 아침 똑같은 시간에 출근을 하고, 여느 때처럼 보고서를 작성할 것이라는 것을. 안정적인 직업을 갖길 원했던 부모님의 바람, 따뜻한 가정을 꾸리겠다는 친구의 현실적인 상황이 원하는 삶으로의 도전을 가로막고 있었다.

상상력과 현실, 그 사이 어딘가에 서 있는 사람들

개방성이 높은 사람들은 늘 새로운 가능성을 탐색한다. 익숙한 규칙에 의문을 던지고, 사회적 통념에서 벗어난 새로운 구조를 상상한다. "지금보다 더 나은 방법이 있지 않을까?"라는 질문을 스스로에게 던지며, 자신만의 해석과 방식을 만든다. 이들은 새로운 변화를 주도하고자 하는 욕망을 품고 있다. 그리고 바로 그 능력 때문에 현실에서 갈등을 겪는다.

사람들은 보통 정해진 규칙, 예상 가능한 상황을 선호한다. 스케줄과 매뉴얼, 관행과 공식을 따르는 사람을 더 믿음직스럽다고 여긴다. 그 틀에서 벗어나려는 사람은 뜬금없거나 독특한 인물로 간주되고, 그런 시도는 "아직 그럴 때가 아니야", "괜히 일을 복잡하게 만들지 말자", "그렇게 해 봤자 뭐가 달라지겠어"와 같은 말들로 가로막힌다. 반복되는 제지에 익숙해지면, 누구라도 움츠러들 수밖에 없다.

하지만 문제의 본질은 자신의 마음속에 있다. 정작 우리를 주저하게 만드는 것은 따로 있다. 바로 자신이 진짜로 원하는 것을 세상에 드러내야 한다는 부담감이다. 꿈은 머릿속에 있을 때 가장 안전하다. 꺼내는 순간부터 판단의 대상이 되고, 부정적인 피드백에 대한 두려움도 따라온다.

의미를 붙잡는 용기, 그리고 작은 시작

현실을 탓해서 얻을 수 있는 것은 무기력감뿐이다. 열망은 여전한데 실행에 옮기지 못하는 자신이 무능하게 느껴지고, 용기가 부족한 것처럼 느껴질 것이다. 이럴 때 필요한 것은 상상과 행동 사이를 잇는 단 하나의 다리, '의미를 붙잡는 용기'다. 자신에게 의미 있는 아이디어라면 그 의미를 향해 손을 뻗어야 한다.

당장 회사를 그만두고 원하는 것을 찾아 떠나라는 뜻이 아니다. 먼저 내 안의 열망을 왜곡하지 않고 그 목표를 향한 첫걸음을 떼어야 한다. 그 첫걸음은 노트북에 자신만의 프로젝트 폴더를 만드는 일일 수 있고, 좋아하는 주제로 글을 써보는 일이 될 수도 있다. 이들에게 필요한 것은 거창한 결단이 아니라 작고 조용한 실천이다. 지금 하는 일에 어떤 의미가 담겨 있는지, 오늘의 선택이 내가 바라는 미래와 어떻게 연결되는지 찾아야 한다. 이러한 행동들이 의미를 만드는 출발점이 된다.

처음부터 모든 것을 걸 필요는 없다. 최초의 작은 시도는 작은 결과를 만든다. 그러나 그 작은 결과들이 하나둘 모여 눈에 보이기 시작하면, 확신이 생긴다. 그리고 그 확신이 축적되면 언젠가 결단을 내려야 하는 순간이 올 것이다. 그 순간은 반드시 온다. 지금은 아닐지라도 인생을 걸어야 할 결단의 순간을 마주하게 될 것이다.

지금까지 쌓아 온 경험과 능력을 믿고 모든 것을 배팅하는 용기가 미래를 바꾼다. 남들과 다른 삶을 살고 싶은 사람은 남들과 다른 방식으로 삶을 준비한다. 그리고 그 '다름'은 결국, 남들이 감히 걸지 않는 무언가를 걸면서 완성된다.

잃을 것이 있어야 도전할 수 있다

브렌던 비언은 아일랜드의 극작가로, 젊은 시절 정치 활동에 참여하다 수감되기도 한 인물이다. 그 굴곡진 삶을 고스란히 녹여 낸 그의 작품에는 인간이라는 존재의 모순과 열망이 날것 그대로 담겨 있으며, 절망 속에서도 웃음과 용기를 잃지 않는 태도가 배어 있다.

"무언가를 열렬히 원한다면, 그것을 얻기 위해 전부를 걸 만큼의 배짱을 가져야 한다"라는 그의 말은 인생을 도박하듯 살라는 뜻이 아니다. 원하는 것을 향해 나아갈 때 필연적으로 마주하는 내면의 떨림과 두려움, 갈등과 책임감을 끌어안고도 끝내 '결단'이라는 이름으로 한 발 내딛는 사람만이 원하는 삶에 도달할 수 있다는 선언이다. 이제, 스스로에게 질문해 보자.

"내가 진심으로 원하는 것은 무엇인가?"

"그것을 위해 지금 내가 걸 수 있는 것은 무엇인가?"

잃을 것이 많다는 건 위험 신호가 아니다. 오히려 결단의 순간을 위해 성실하게 살아왔다는 증거다. 이제는 쌓아 온 것들을 지키기 위해 움츠러들기보다, 그 위에 어떤 선택을 놓을 수 있을지 고민해야 할 시점이다.

아직 걸 수 있는 것이 많지 않다면, 당장은 큰 도전을 할 때가 아니라는 뜻이다. 아주 작은 것부터 천천히 시작해야 한다. 주말 동안 한 주의 생각을 정리해 보는 것, 일단은 무엇이든 시작해 보는 것, 아무리 사소하더라도 내 생각을 '결과물'로 만들어 내는 연습이 필요하다. 이 연습이 결단의 배짱이 필요한 순간에 후회 없는 선택을 내리도록 도와줄 것이다.

True creativity can be gained after complete mastery of the domain and skills of the field where you belong.

– Mihaly Csikszentmihalyi

우리는 창의성을 타고나는 '재능'이나 '감각'으로 여긴다. 머릿속에 불쑥 떠오르는 아이디어, 남들보다 빠르게 흐름을 읽는 눈, 독특한 관점으로 전환하는 재치는 타고난 능력처럼 느껴지기 때문이다. 그러나 세상을 놀라게 하는 창의성은 탄탄한 기초 위에서 탄생한다. 창의성은 생각을 실제로 실행해 보고 그 결과를 몸소 겪으며 축적된 경험에서 비롯된다.

> "진정한 창의성은 자기 분야의 기술을
> 통달한 뒤에야 얻을 수 있다."
>
> -미하이 칙센트미하이(헝가리의 심리학자)-

사연의 구성원들은 생존을 위해 자신이 가진 능력을 일생 동안 반복하며 살아간다. 원숭이는 매일 나무를 타며 먹이를 구하고, 사자는 은밀히 다가가 사냥감을 덮치는 행동을 죽는 날까지 되풀이한다. 꽃과 나무 역시 씨앗으로 시작해 꽃을 피우고 열매를 맺으며, 그 열매 속 또 다른 씨앗이 다시 생명을 틔우는 과정을 반복한다.

인간에게는 이들과 다른 점이 있다. 다른 길을 선택하고 새로운 결과를 만드는 '창의성'을 지녔다는 것이다. 그러나 인간도 자연의 일부인 이상, 잊지 말아야 할 사실이 있다. 창의성 또한 수많은 반복과 숙달의 토대 위에서 자란다는 점이다. 창의성은 하늘에서 뚝 떨어지는 번뜩임이 아니라, 끊임없는 시도와 수련 끝에 피어나는 능력이다.

창의성은 오랜 시간 지속된 노력의 산물이다

문제를 색다르게 바라보는 시선은 시작일 뿐이다. 그 시선을 실행 가능한 전략으로 전환하는 구조화 능력, 그리고 그 과정을 여러 사람에게 납득시키는 설득력은 하루아침에 만들어지지 않는다. 세상에 감각 있는 사람은 많다. 하지만 그 감각을 누구도 흉내 낼 수 없는 독창적인 기술이 될 때까지 갈고닦는 사람은 거의 없다. 창의성이 빛을 발하기 위해서는 끝없는 반복과 막대한 시간을 쏟는 몰입의 과정이 반드시 필요하다.

이를 뒷받침하는 연구가 있다. 한 연구진은 음악을 전공하는 스코틀랜드 대학생 45명을 대상으로 세 차례에 걸쳐 소그룹 작곡 활동을 실시하고, 작곡 과정에서의 몰입도가 최종 작품의 완성도에 미치는 영향을 조사했다. 완성된 곡들을 24명의 음악 교육 전문가들이 평가한 결과, 작곡 활동 중 더 높은 몰입도를 보였다고 설문에 응답한 학생들의 작품이 전문가들로부터 더욱 긍정적인 평가를 받은 것으로 나타났다.

혁신적인 업적을 이룬 많은 사람은 대부분 하루도 빠짐없이 자신이 몰입할 수 있는 활동에 헌신했다. "단 하루도 그 생각을 하지 않은 날이 없었다"라고 말하는 이가 있는가 하면, 입을 옷을 고르는 시간마저 아까워 같은 옷을 여러 벌 사서 매일 똑같은 옷만 입는 사람도 있다. 그 끊임없는 몰입이 결국 우리 삶에 크고 작은 변화를 가져다 주었다.

생각은 몰입과 반복을 거쳐야 확신이 된다

수많은 시행착오, 아이디어가 실패하는 과정을 겪는 것, 실패의 원인을 분석하고 방향을 수정해 나가는 과정, 그 모든 반복이 쌓여야 생각은 단순한 '예감'에서 '확신'으로 바뀐다. 그리고 그 확신은 결국 사람들에게 비로소 '결과'로 전달된다.

직감은 새로운 도전에 영감을 준다. 그러나 그 직감이 현실에서 작동 가능한 방식으로 전환되기 위해서는 반드시 실험과 시행착오가 따라야 한다. "좋은 아이디어네"라는 주변의 말에 멈추지 않고, 아이디어가 실제로 어떻게 작동하는지 실행해 보고, 어디에서 막히는지, 사람들이 어떤 반응을 보이는

지를 관찰하고 기록해야 한다. 그리고 그 모든 시행착오 속에서 비로소 자신만의 방식과 철학, 그리고 고유한 기술이 만들어진다.

칙센트미하이는 몰입flow 이론의 창시자로, 인간의 창의성과 행복에 관해 연구했다. 그는 뛰어난 성취는 수많은 내·외부 조건이 맞물려 만들어 내는 상승 작용의 결과라고 설명했다. 몰입은 어떤 활동에 완전히 빠져들어 시간 가는 줄도 모른 채 집중하는 상태를 의미하며 이때 외부의 평가나 결과를 의식하지 않고, 오직 그 순간의 행동 자체에 깊이 몰두하게 된다.

칙센트미하이는 이 몰입 상태가 인간이 경험할 수 있는 가장 순수한 형태의 만족감과 성취감을 가져온다고 했다. 결국 창의성과 성취는 이 '몰입'이라는 경험을 통해 조금씩 다져진다. 몰입하는 시간이 쌓일수록 우리는 더 깊이 있는 생각과 기술을 갖게 되고, 그 결과 창의적인 성과에 다가갈 수 있게 된다.

남들과 다른 삶을 원한다면 가장 먼저 그 생각을 머릿속에서 꺼내 작은 단위로 실행해 보자. 누군가에게 말하기, 간단한 시안 만들기, 관련 인물 인터뷰하기, SNS에 짧은 글이라도 올리기 등 작은 시도들이 창의적인 생각을 구체화하는 첫걸음이 된다. 여기서 중요한 것은 앞선 시도에서 놓친 부분을 발견하고, 처음보다 더 나은 결과를 얻기 위해 계속 도전하는 것이다. 이렇게 온 마음을 다해 반복하고 개선해 나갈 때 미완성이었던 상상이 구체화된다.

창의성은 '진짜로 원하는 것'을 향해 꾸준히 다가가는 선택과 태도로 실현된다. 반복 속에 무너지고 다시 일어서는 경험을 통해, 생각은 비로소 내 것이 된다. 창의성은 언제나 실행 속에서 살아 움직인다. 한 번에 완벽한 그림을 그리기보다, 일단 선 하나를 긋는 시작이 필요하다. 예리한 칼날이 수만 번의 단련 끝에 완성되듯, 창의성 또한 끊임없는 수련을 통해 비로소 발현된다.

몰입과 반복으로 창의성을 현실화하는 7가지 습관

① 매일 정해진 시간에, 같은 자리에서 작업하기

반복되는 환경이 집중에 유리하다. 장소와 시간의 고정은 몰입을 자동화하는 가장 좋은 방법이다. 몸과 마음에 익숙한 리듬을 만들도록 하자.

② '실행 후 피드백'까지를 한 루틴으로 설정하기

아이디어를 실행한 뒤, 결과를 분석하고 정리하는 루틴을 만든다. 반복은 실행이 아니라 해석에서 깊어진다.

③ 매일 하나의 질문에 집요하게 매달려 보기

좋은 질문은 창의성의 씨앗이 된다. "왜 이렇게 해야 하지?"와 같은 구조적 질문에 매일 10분만 투자해 보자. 반복할수록 새로운 관점이 자라난다.

④ 성공 사례를 분석하고, 내 방식으로 재구성해 보기

남의 아이디어를 감탄으로 넘기지 말고, 분해하고 재조립하면서 내 언어로 바꾸는 훈련을 반복한다. 창의성은 모방에서 시작한다.

⑤ 무조건 저장, 그리고 반드시 꺼내 보기

떠오른 아이디어는 즉시 기록하고, 일정 주기로 꺼내어 수정하거나 다시 시도해 보자. 핵심은 '쌓기'가 아니라 '꺼내 보기'임을 잊지 말자.

⑥ 몰입을 방해하는 요소를 기록하고 제거하는 습관

창의성을 발휘하는 데 어려움을 주는 환경적·심리적 요인을 인식하고 제거하는 것이 반복을 지속하는 기반이 된다.

⑦ 실패 원인을 분석하는 글쓰기

실패를 피하지 말고 반복하자. 실패의 원인을 정확히 정리하는 습관이야말로 창의성의 내공을 만든다. 문제를 명확히 언어화했을 때, 문제 해결의 실마리를 찾을 수 있다.

Pay not the praise to lofty things alone.
The plains are everlasting as the hills.

– Philip Bailey

문제의 본질을 꿰뚫고 새로운 관점을 제시하는 능력은 분명 귀한 재능이다. 그러나 눈에 보이지 않는 곳에서 조직을 지탱하는 실무 없이는 그 능력은 제대로 작동하지 않는다. 큰 그림만 바라보고 세부 사항을 무시한다면, 새로운 시도는 불완전한 결말을 맞는다. 진정한 역량은 통찰력과 사소한 일들을 유기적으로 연결할 때 비로소 완성된다. 디테일의 가치를 간과하는 아이디어는 반쪽짜리일 뿐이다.

> "높은 것만을 칭찬하지 말라.
> 평야도 언덕과 마찬가지로 영원하다."
>
> -필립 베일리(아일랜드 시인)-

J는 큰 그림을 잘 보는 사람이다. 복잡한 문제의 핵심을 빠르게 파악하고, 방향을 제시하는 데 능숙하다. 하지만 J는 요즘 고민에 빠져 있다. 꼼꼼하게 매뉴얼을 만들고 세밀한 디테일까지 신경 쓰는 동료와 충돌하는 일이 잦아졌기 때문이다. 디테일한 지침을 요구하는 동료에게 신뢰의 표현으로 "알아서 잘해 봐"라고 했는데, 동료는 그것을 무책임과 방치로 받아들였다. J는 '핵심이 중요하다'고 믿으며 디테일은 자연스럽게 따라오는 것이라 생각했다. 반면에 동료는 세부적인 사항까지 결정되지 않으면 불안해했다. 둘 다 틀린 것이 아니라 생각이 다른 것뿐이지만, 그 다름을 이해하지 못해 결국 서운함만 쌓여 갔다.

핵심과 디테일은 하나의 구조다

J와 동료는 일하는 스타일이 달랐다. 하지만 그 차이를 성향의 문제라기보다 성의의 문제로 해석하면서 서로에게 상처가 되었다. 방향을 잘 잡는 사람은 늘 생각이 많다. '이게 왜 안 될까?', '어떤 구조를 바꾸면 나아질까?'와 같은 고민을 멈추지 않는다. 이러한 고민의 결과가 효과를 발휘할 때 사람들은 그를 뛰어난 전략가로 인정한다.

하지만 현실에서 변화를 일으키려면, 생각만으로는 부족하다. 그 생각이 실제 구조와 치밀하게 연결되는 정교한 설계가 필요하다. 누가 뭘 하고, 어떤 순서로 진행되며, 어디서 강약을 조절해야 하는지 구체적으로 설계해야 한다. 이 정도의 이해도가 뒷받침되지 않으면 아무리 좋은 아이디어도 실행에 옮길 수 없다. 즉, 핵심을 꿰뚫는 통찰력만으로는 세상을 바꿀 수 없다. 그것을 실현 가능한 계획으로 옮기는 힘과 구체화하는 능력이 함께해야 한다. 그리고 그 실현의 첫걸음은 '자잘하고 사소해 보이는 일들'을 다시 들여다보는 것에서 시작된다.

변화는 과거와는 다른 혁신적인 생각에서 시작하지만, 그 생각을 어떻게 현실에 맞게 다듬어 나가느냐에 따라 성과가 달라진다. 동료가 만드는 매뉴얼, 정리하는 문서, 반복적으로 하는 확인 작업은 아이디어를 실제로 작동하게 하는 엔진이다. 그래서 방향을 설정하는 사람일수록, 현실을 움직이는 작은 일들을 자세히 들여다봐야 한다. 그 일이 왜 필요한지, 어떻게 해야 잘 돌아가는지를 이해해야 한다.

심리학과 조직 행동론에서는 이러한 성향 차이를 '큰 그림을 보는 사람'과 '세부 사항을 중시하는 사람'으로 나눈다. 거시적 사고는 장기적인 비전을 수립하고 시스템 전반을 이해하는 데 중요한 역할을 한다. 반면에 미시적 사고는 계획의 세부 사항을 정확하게 작동하게 한다.

고생하지 말고 공생하라

큰 그림을 보는 사람만 있는 사회에서는 각자 자신의 생각만 내세우게 되고, 세부 사항을 중시하는 사람만 있는 사회에서는 사소한 일 하나에도 많은 시간이 걸린다. 따라서 상대방의 성향을 정확히 이해하고, 그에 맞는 전략을 세우는 것이 필요하다.

조직 행동과 관련한 여러 연구에 따르면, 사고방식이 다른 사람들이 한 팀을 이룰 때 이상적인 결과를 만들어 낸다. 다양한 사고방식 때문에 처음에는 작업 속도가 더디지만, 서로의 강점을 이해하고 조율하면 더 유연하고 뛰어난 성과를 낼 수 있다.

만약 J가 방향을 제시하고, 동료는 구조를 설계하고 절차 세분화해 다시 J가 전체 그림을 점검하는 역할을 맡는다면 그 팀은 어떤 문제든 해결할 수 있다.

J는 높은 언덕에 올라 멀리 보려는 사람이다. 힘들게 언덕을 오른 순간 펼쳐지는 풍경은 그 아래 조용히 자리한 평야가 있어야 비로소 완성되는 장면이다. 아무리 높이 올라 참신한 아이디어를 떠올려도, 밑바탕이 되는 반복과 구조, 작은 실천이 뒷받침되지 않으면 그 아이디어는 허공에 떠 있는 꿈에 불과하다.

진정한 변화는 높은 곳이 아니라 그 높이를 지탱하는 낮고 평평한 토대에서 자라난다. 핵심은 디테일 위에 세워지며, 디테일이 무너지면 핵심도 존재할 수 없다. 남다른 생각을 할 수 있는 사람일수록 '사소해 보이는 것'을 가볍게 여겨서는 안 된다.

창의력을 현실화하기 위해 던져야 할 5가지 질문

① 디테일을 무시한 채 책임을 피하고 있지는 않은가?

② 전략이 성공하려면 어떤 디테일이 반드시 함께 따라야 하는가?

③ 지금 말하고 있는 '핵심'은 실행 가능한 수준까지 구체화되어 있는가?

④ 내가 부여한 자율성이 상대에게 어떻게 받아들여지는지 되돌아본 적이 있는가?

⑤ 아이디어를 실제로 구현한 사람들에게 충분한 존중과 감사를 표현하고 있는가?

What does it mean to travel?
Change of place? Not at all! By traveling,
one also changes one's opinions and prejudices

– Anatole France

여행에서 무엇에 가치를 두느냐는 사람마다 다르다. 누군가에게는 충분한 휴식, 먹고 싶었던 음식을 맛보는 일, 유명한 관광지를 직접 둘러보는 것이 여행의 의미일 수 있다. 또 다른 이에게는 공항의 공기, 비행기를 타는 설렘 자체가 여행의 목적이 되기도 한다.

낯선 환경과 문화 속에서 살아가는 사람들의 생각을 직접 듣는 경험은 새로운 시선에 가치를 두는 이들에게 관점을 넓히고 내면을 성장시킬 기회다. 다른 방식으로 살아가는 사람들의 삶을 마주할 때, 자신이 어떤 사람인지 어떤 삶을 원하는지를 더 깊이 들여다볼 수 있다.

> "여행이란 장소가 아니라
> 생각과 편견을 바꾸는 일이다."
>
> -아나톨 프랑스(19세기 후반에 활동한 프랑스의 작가)-

별일 없이 반복되는 일상에서 안정감을 느끼는 사람들이 있는 반면, 그러한 반복에서 지루함을 느끼는 사람들이 있다. 혹자는 말한다. "괜찮은 회사 다니고, 월급 꼬박꼬박 받으면 된 거지. 뭐가 그렇게 불만이야?" 그러나 지금의 일상이 나에게 어떤 이유로 주어졌는지 알지 못하기에, 답답함은 여전히 해소되지 않는다.

이런 사람들은 자주 혼란에 빠진다. 무언가 다른 것을 추구하고 싶지만, 자신이 속한 사회의 기준과 기대는 쉽게 벗어날 수 없을 만큼 강력하다. 예를 들어, 돈을 모으는 이유조차 대부분 정해져 있다. "일단 집은 있어야지." 틀린 말은 아니지만, 내 삶의 방식마저 미리 짜인 각본처럼 느껴질 때 문득 걸음을 멈추게 된다.

이럴 때 필요한 것은 낯선 공기다. 완전히 다른 방식으로 살아가는 사람들을 직접 보고, 전혀 다른 기준으로 행복을 정의하는 삶을 몸으로 느껴 보는 일. 여행은 바로 그런 경험을 가능하게 해 준다.

익숙함을 의심하게 되는 곳에서 새로운 삶이 시작된다

대부분의 사람들은 자신이 편견 없이 세상을 바라본다고 생각한다. 하지만 새로운 나라에 도착해 전혀 다른 가치와 질서를 마주했을 때 비로소 깨닫는다. 내가 당연하게 믿어 온 것들이 사실은 이 사회, 이 환경, 이 문화에서만 통하는 것이었다는 사실을 말이다.

어떤 나라에서는 내 집 마련을 중요하게 생각하지 않는다. 또 어떤 나라에서는 경제적 풍요보다 공동체의 소속감을 더 귀하게 여긴다. 일하지 않는 시간이 삶의 중심이 되는 문화도 있고, 직업보다는 취향으로 개인을 설명하는 곳도 있다. '성공'의 기준은 하나가 아니라는 걸, 그제야 처음으로 실감한다. 그리고 그 깨달음은 질문으로 이어진다.

"왜 그렇게 살아야 한다고 믿었을까?"

"그 기준은 옳은 것이었을까?"

"삶을 어떻게 다시 설계할 수 있을까?"

물론 여행을 떠난다고 해서 무조건 그런 깨달음을 얻는 것은 아니다. 삶의 쳇바퀴에 질린 상태일수록 유명한 관광지를 돌고, 사진을 찍고, 맛집을 찾아다니는 것만으로는 마음이 채워지지 않는다. 진짜 변화를 만드는 건, 그 나라 사람들의 일상을 가까이서 관찰하는 순간들이다. 작은 슈퍼마켓, 오래된 재래시장, 동네의 공원과 아침 출근길처럼 소소한 풍경들. 현지의 버스를 타고, 카페 구석에서 일하는 사람들을 보고, 도시의 생활 리듬을 느끼는 것. 그 속에 담긴 삶의 방식이야말로 그 사회가 정말 중요하게 여기는 가치다. 그리고 그걸 마주하는 사람은 자연스럽게 자신이 지금까지 어떤 가치 속에서 살아왔는지를 돌아보게 된다.

여행이 우리에게 미치는 심리적 영향

2013년, 독일 프리드리히 쉴러 대학교의 짐머만_{Zimmermann}과 네이어_{Neyer}의 연구에 따르면, 해외에서의 장기 체류 경험은 사람의 성격 구조를 변화시킨다고 한다. 이 연구는 1,136명 이상의 독일 대학생을 대상으로 1년 간 세 차례에 걸쳐 진행됐다. 교환학생, 여행, 인턴십 등 다양한 형태로 외국에 머문 이들의 성격 변화를 추적한 결과, 같은 문제를 새롭게 바라보는 능력이 뚜렷이 증가했다. 특히 주목할 점은, 이러한 변화가 여행 직후의 일시적 반응이 아니라 귀국 이후에도 지속되는 장기적 변화였다는 것이다.

왜 이런 변화가 일어날까? 사람은 익숙한 환경에서는 자신이 어떤 사고방식과 습관을 가지고 있는지 잘 인식하지 못한다. 그러나 전혀 다른 문화권에 들어가면, 자신이 얼마나 특정한 사고방식에 익숙해 있었는지 깨닫게 된다. 그제야 "이게 진짜 나인가, 어디서부터 사회가 만든 나인가"라는 질문이 가능해진다. 이런 경험은 단순한 자극이 아니라 자기 인식을 확장시키는 과정이 된다.

여행은 단순히 새로운 정보를 받아들이는 경험이 아니라, 그 정보를 통해 '내가 누구인지'를 재정의하는 기회가 된다. 다시 말해, 다른 나라에 가면 자신이 생각보다 훨씬 한국 사회의 기준 안에서 살아가고 있었음을 체감하게 된다. 그리고 이 인식의 순간이, 자기 삶을 재설계할 수 있는 출발점이 된다.

삶을 다시 쓰는 기회, 여행

　일상을 떠나 다른 환경에 가 보는 것은 누구에게나 자극이 될 수 있다. 하지만 다르게 살고 싶은 마음이 강한 사람, 익숙한 삶의 방식에 질문을 던져 온 사람에게 여행은 단순한 쉼이나 여가가 아니라 삶을 재구성할 기회가 된다. 이들은 단순히 낯선 것을 좋아하는 것이 아니다. 낯섦을 통해 스스로를 더 정확히 바라보고자 한다. 내가 진짜 원하는 것은 무엇인지, 무엇을 바꾸고 무엇을 지켜야 할지를 알고자 한다. 새로운 무언가를 갈구하는 이들에게 여행은 휴식이 아니라, 생각의 밭에 새로운 씨앗을 심는 일이다. 그리고 그 씨앗이 결실을 맺는 과정을 통해 생각은 유연해지고, 너그러워지고, 더 단단해진다. "여행은 성장이다"라는 심리학자들의 말은 결코 비유적인 표현이 아니다.

　물론 여행 한 번으로 삶의 궤도가 바뀔 만한 커다란 사건이 일어나지는 않을 것이다. 그러나 한 번의 여행, 한 번의 대화가 '내가 누구인지'를 더 깊이 알게 해 준다면 충분히 값진 경험이 되지 않을까.

　여행지에서 다른 나라의 생생한 삶을 체험해 볼 수 있는 방법 몇 가지를 소개한다.

① **미용실에서 헤어스타일 바꿔 보기**

  현지인의 손으로 외모를 바꿔 보는 것은 그 사회의 미적 감각과 가장 직접적으로 접촉하는 경험이다.

② **벼룩시장 구경해 보기**

  사람들이 '이제 필요 없다'고 여기는 물건이 그들의 지난 삶을 말해 준다.

③ **병원 대기실에 앉아 있어 보기**

  언어를 몰라도 느낄 수 있는 불안, 보호, 배려의 문화가 그 사회의 공공감정이다.

④ **그 도시의 낡은 엘리베이터 타 보기**

  속도, 정비 상태, 붙어 있는 광고 스티커 하나까지, 모든 광경이 도시의 '내장'을 보여 주는 감각적 보고서다.

⑤ **현지 장례식장을 조용히 지나쳐 보기**

  그 사회가 '죽음을 어떻게 다루는가'에서 그들이 삶을 어떤 방식으로 대하는지 선명하게 드러난다.

⑥ **구청·시청 민원실 가 보기**

국가 운영 방식은 행정 공간에서도 느껴진다. 그 시스템의 질감이 곧 사회의 온도다.

⑦ **대중교통 타고 종점까지 가 보기**

관광지에서 멀어질수록 그 도시의 진짜 얼굴이 보인다. 종점에 다다를 때까지 조금씩 변하는 풍경은 여행의 특별한 추억이 될 것이다.

I am what I exactly pursue to be.

– Gordon Allport

누군가를 롤 모델로 삼아 본 적이 있는가? 우리가 누군가를 본받고 싶어 하는 이유는 그가 걸어온 길을 따르고 선택을 따라 하면, 언젠가 같은 자리에 이를 수 있으리라는 믿음이 있기 때문이다. 그러나 진짜 중요한 것은 롤 모델의 성공 또는 성과가 아니다. 그가 어떤 관점으로 세상을 바라보고, 어떤 가치를 위해 선택하고 포기했는지를 살펴야 한다. 롤 모델 그 자체가 아니라, 그가 끝까지 지켜 낸 가치와 이유에 주목해야 하는 것이다.

> "나는 내가 추구하는 것, 그 자체다."
>
> -고든 올포트(성격 심리학을 창시한 미국의 심리학자)-

작가 지망생인 M은 동경하는 작가의 책을 빠짐없이 찾아 읽는다. 그 작가를 따라 매일 아침 명상으로 하루를 시작하고, 체력을 기르기 위해 운동도 거르지 않았으며, 독서 노트도 쓰고 있다. 그런데 시간이 지날수록 이 모든 일들이 다 숙제처럼 느껴졌고, 어느새 은근한 스트레스에 시달리게 되었다.

어느 날, M은 그 작가의 인터뷰에서 큰 충격을 받았다.

"저는 책 쓰는 거 좋아하지 않아요. 단지 제 목소리를 낼 창구가 필요했을 뿐이죠."

그 말을 듣는 순간, M은 자신이 왜 글을 쓰려고 했는지 되묻게 되었다. 그저 유명해지기 위해서였나, 아니면 '작가'라는 타이틀을 원했던 걸까?

롤 모델의 손가락이 아니라 그가 가리키는 방향을 볼 것

사람들은 보통 롤 모델의 현재 모습에 주목한다. 또한 화려한 경력, 대중의 인정, 성공이라는 결과물이 성과를 증명하는 수단이라고 생각한다. 그래서 그 사람의 공부 방법, 아침 루틴, 일하는 방식, 말투와 사고를 따라 하며 비슷한 궤적을 그리고자 한다. 그러면 언젠가 자신도 같은 자리에 도달할 수 있을 거라 믿기 때문이다.

그러나 이런 생각에는 결정적인 맹점이 있다. 그 사람의 삶은 오롯이 자신만의 질문과 선택 위에 세워진 것이다. 그가 삶에서 어떤 문제에 사로잡혀 있었는지, 어떤 맥락에서 어떤 선택을 했는지, 무엇을 가장 중요하게 여겼는지도 모른 채 겉모습만 따라가기 위해 애쓰는 것은 모방에 지나지 않는다.

세상의 틀을 넘고 남들과 다른 삶을 살고 싶다는 열망이 강할수록, 무작정 누군가를 따라서는 그 질문에 제대로 답할 수 없다. 남들과 다르게 살고 싶으면서 이미 만들어진 길을 그대로 답습하는 것은 앞뒤가 맞지 않는다.

더구나 많은 사람이 롤 모델로 삼는 인물들, 가령 사회적 영향력을 지닌 창작자나 리더, 혁신가들 역시 누군가의 삶을 베껴서 지금의 자리에 선 것이 아니다. 우리가 그들을 롤 모델이라 부르는 진짜 이유는, 자신만의 시선으로 세상을 바라보고 그 시선을 끝까지 밀고 나가 새로운 방식의 삶을 만들어 냈기 때문이다. 그들은 남다른 관점과 결정을 통해 기존의 틀을 넘어선 사람들이었다. 그러므로 아무리 훌륭한 사람이라도 그의 겉모습이나 성취를 복제하는 데 집중해서는 안 된다.

닮고 싶은 롤 모델이 있다면 그가 왜 그런 삶을 선택했는지 생각해 보자. 어떤 가치를 지키기 위해 손해를 감수했고, 어떤 신념을 따라 사람들의 시선을 감내했는지를 살펴야 한다. 그리고 자신에게 질문하자.

"그 사람이 중요하게 여긴 가치가 나에게도 중요한가?"

"그가 지켜 낸 태도와 기준이 내 삶에도 힘이 될 수 있는가?"

만약 그렇다면, 그는 닮고 싶은 대상을 넘어, 내가 걸어가야 할 방향을 알려 주는 나침반이 될 수 있다.

좋은 롤 모델은 길을 잃었을 때의 방향도 제시한다. 실패했을 때 어떻게 다시 일어섰는지, 외면당할 때 무엇을 포기하지 않았는지 그가 선택한 삶의 방식을 참고하자. 롤모델이 우리에게 남긴 메시지를 따라 걷는 길 위에서, 우리는 비로소 '누군가와 비슷한 삶'이 아니라 '나답게 사는 삶'을 시작할 수 있을 것이다.

시작은 모방일지라도, 그 끝은 나만의 의미로

미국의 심리학자 고든 올포트*Gordon Allport*는 20세기 성격 심리학의 기초를 닦은 인물로, 인간을 단순히 과거 경험이나 환경적 자극에 기계적으로 반응하는 존재로 보지 않았다. 그는 인간이 지닌 고유한 의지, 가치 지향성, 자기주도적 선택 능력에 주목했다. 올포트는 인간 성격을 이해하는 핵심 개념으로 '내면의 일관된 방향성'을 강조했다. 즉, 사람은 단순히 "무엇을 하느냐"보다 "왜 그것을 하느냐"에 따라 자신만의 정체성과 삶의 의미를 구축해 간다는 것이다.

이러한 관점을 바탕으로 올포트가 제시한 개념이 '기능적 자율성*functional autonomy*'이다. 이 개념은 인간의 동기가 시간이 흐르면서 초기에 가졌던 이유와는 다른 독립적인 목적과 이유를 갖게 된다는 점에 주목한다. 예를 들어, 어린 시절에는 부모의 칭찬을 받기 위해 공부했지만 시간이 지나면서 지식을 쌓고 문제를 해결하는 데서 즐거움을 느끼고, 결국 지적 성장을 삶의 목적으로 삼게 되는 경우가 이에 해당한다. 즉, 처음에는 외부 자극으로 시작한 행동이라도 나중에는 자신만의 의미와 목적에 따라 지속되는 내적 동기로 변한다.

올포트는 인간이 단순히 과거를 반복하는 존재가 아니라,

새로운 목적을 찾아가는 능동적 존재임을 강조했다. 그에게 성격은 과거 습관이나 충동의 잔재가 아닌 현재의 가치와 목적에 따라 스스로 조직되고 전개되는 방향성 있는 구조를 의미한다. 우리가 반복해서 선택하고 행동하는 방식은 단순한 환경의 결과가 아니라 어떤 삶을 의미 있게 여기는지에 대한 자기 선언이며, 이는 시간이 지날수록 더욱 독립적이고 일관된 자기 정체성을 형성한다.

롤 모델을 통해 나답게 살고 싶다면, 겉모습을 흉내 내기보다 내가 소중하게 여기는 가치가 무엇인지를 먼저 분명히 해야 한다. 그 가치가 곧 나다. 그 가치를 중심에 둘 때, 비로소 롤모델은 그 가치를 향해 선택한 삶의 방향을 가늠하게 해주는 길잡이가 될 것이다.

People who do important work are not afraid to be treated as unimportant.

– Alfred Adler

세상이 요구하는 틀에 얽매이지 않고 자유롭게 살고 싶다면, 무엇보다 자신감이 필요하다. 남들과 다른 선택을 할 때 따가운 시선을 마주하더라도, 일일이 설명하거나 설득하지 말자. 자신의 생각을 분명히 표현할 수 있다면 좋겠지만, 그렇지 않더라도 내가 추구하는 방향과 그 일의 의미를 스스로 인정한다면 그것으로 충분하다.

> "중요한 일을 하는 사람은
> 중요하지 않은 사람으로 취급받는 것을
> 두려워하지 않는다."
>
> -알프레드 아들러(개인심리학을 창시한 심리학자)-

우리는 "남들처럼 사는 게 가장 좋은 거다", "그 나이면 이 정도는 벌어야지"라는 말을 꽤 자주 하거나 듣는다. 당연한 것이라 생각하면서도 이런 말들이 때론 버겁게 느껴진다. 누군가는 존재하지도 않는 답안지를 좇기보다 자신이 진심으로 중요하게 여기는 일에 시간을 쓰며, 스스로의 기준으로 하루를 설계하는 삶을 꿈꾼다.

문제는, 틀에서 벗어나겠다는 결심보다 틀에서 벗어난 삶이 나에게 적합하다는 것을 남들에게 설득하는게 훨씬 어렵다는 점이다. 정말 좋아서 택한 길이어도 주변에서는 "왜 굳이 그렇게 사냐"는 시선을 보낸다. 아무리 설명해도 공감받지 못하고, 외롭고 흔들리기 쉽다.

진정한 자유에는 '자기 확신'이 필요하다

세상의 기준에서 벗어나고 싶은 마음은 누구에게나 조금씩 있다. 특히 우리나라가 경제적으로 풍요를 이룬 시기에 태어나고 자란 청년 세대는 기성세대가 만든 틀에 맞춘 삶을 거부한다. 그러나 나만의 삶을 살겠다는 바람을 끝까지 현실로 이어 가는 사람은 드물다. 왜일까? 자유로운 삶은 '외부의 박수'가 아니라 '내면의 확신'에서 출발하기 때문이다.

남들과 다른 길을 걷는다는 것은, 의심과 간섭을 감수해야 한다는 뜻이다. "왜 그런 일을 해?", "너무 무모하지 않아?", "그 나이면 이제 자리 잡아야지"와 같은 말들은 조언처럼 들리지만, 사실 경고이자 평가다. 이런 시선은 남들과 다른 선택을 할수록 더 자주, 더 강하게 따라붙는다. 특히 뚜렷한 성과 없이 길을 찾는 과정에서는 "정말 괜찮은 선택일까?"라는 의심이 더 커진다.

이런 상황에 맞닥뜨리면 대부분은 평범한 삶에 자신을 맞추거나, 현실에 답답함을 느끼며 우울감에 빠진다. 이때 필요한 결심은 사람들을 설득하려는 노력을 내려놓는 것이다. 내가 어떤 길을 선택했는지, 왜 그렇게 사는지를 모든 사람이 이해해 줄 거라 기대하지 말아야 한다. 사실 나조차 완전히 설명하지 못하는 삶의 방향을 타인이 쉽게 이해하긴 어렵다. 모든 선택에 이유를 달고, 시선마다 설명을 덧붙이려 하면 내 마음은 소모되고 중심은 흔들린다. 진짜 자유는 자기 자신에 대한 확신에서 시작된다. 멋진 말로 꾸미지 않아도 내가 선택한 삶이 나에게 어떤 의미인지를 분명히 알고 있다면, 그걸로 충분하다.

'자기 확신'은 내면으로부터 발현된다

알프레드 아들러는 '무의식', '초자아' 개념으로 잘 알려진 프로이트의 정신분석학파에서 활동했던 심리학자다. 그는 무의식의 힘을 강조한 프로이트와 달리, 인간의 의식적 목표 지향성을 중요하게 생각했다. 아들러는 인간을 과거에 의해 결정되는 존재가 아니라, 미래의 목적에 따라 현재를 살아가는 존재로 보았다.

그는 인간은 자신의 부족함을 인식하는 순간 그 결핍을 채우기 위해 삶의 방향을 설정한다고 주장했다. 즉, '우리가 어디를 향해 나아가는가'는 단순한 욕망의 문제가 아니라 '무엇을 결핍으로 느끼느냐'에 따라 결정된다는 것이다.

남들이 제시하는 인생의 정답에 자신을 억지로 끼워 맞추려 할 때, 삶은 점점 공허해지고 채워지지 않는 결핍에 빠진다. 많은 이가 그 공허함을 타인의 인정으로 메우려 하지만, 이는 진정한 성장이나 발전이 아니라 열등감을 감추고 남들보다 우위에 서려는 허세에 가깝다.

진정한 성장은 자신을 남과 비교하지 않는 사람에게 찾아온다. 우리에게 필요한 것은, 아무도 알아주지 않아도 계속해 나가겠다는 스스로에 대한 확신이다. 그리고 그 확신은 내가 중요하게 여기는 가치, 삶의 이유, 나만의 목적의식에서 비롯된다. 비록 처음에는 누군가의 칭찬이나 인정을 바라고 시작한 일일지라도, 그것이 점차 타인을 위한 퍼포먼스가 아니라 자신이 진심으로 의미 있게 여기는 가치를 지키기 위한 선택이 된다면 우리는 비로소 자기 삶의 주도권을 쥘 수 있다.

다시 말해, 내 메시지를 이해하고 마음을 이어받는 사람이 단 하나라도 있다면 그것만으로 충분하다는 믿음이 필요하다. 오히려 인정 욕구를 내려놓을 때 더 많은 사람에게 영향력을 미칠 가능성도 열린다. 당신이 걷는 길이 낯설고, 아무도 주목하지 않으며, 그래서 때로는 초라해 보일지라도 괜찮다. 그 길이 당신에게 진정으로 의미 있다면, 옳다고 믿고 묵묵히 걸어가면 된다. 진짜 자유는 타인의 인정이 아니라 스스로의 신념을 따라 살아가는 삶 속에서 시작된다.

자기 확신을 삶의 힘으로 만드는 9가지 실천 지침

① 생각이 다를 때는 침묵보다 표현을 선택하기

"괜히 말해서 분위기를 해치지 않을까?" 눈치 보는 대신 내 뜻을 전달하는 연습을 해 본다. 한 문장으로라도 내 의견을 표현한다.

② 중요한 대화일수록 '좋은 사람'이 아니라 '진짜 나'로서 대하기

상대방이 실망할까 봐 진심을 감추기보다 내가 정말 중요하게 생각하는 기준을 먼저 인정하고 이야기한다.

③ "괜찮아요" 대신 "저는 다르게 생각해요"라고 말하기

이견은 상대를 향한 공격이 아니다. 의견이 다른 것일 뿐 나는 나, 상대는 상대다. 불편한 감정을 피하기보다 솔직한 태도를 보인다.

④ 불편한 제안에도 나의 속도 지키기

다른 사람들이 재촉해도 내가 준비되지 않았다면 한 걸음 늦출 수 있어야 한다. "조금 더 생각해 볼게요" 한 마디로 나를 보호하자.

⑤ 나를 위한 결정을 할 때에는 타인에게 평가를 요구하지 않기

중요한 선택일수록 주변 사람들 의견에 흔들리지 말고 "지금 내게 진짜 필요한 일인가?"를 기준으로 삼는다. 결정과 책임은 결국 나의 몫이다.

⑥ 한 번 더 설명하는 대신 한 번 더 나를 믿어 본다.

주변 사람 모두를 설득하려 하지 말자. 설득보다 중요한 건 '내 스스로 납득할 만한 선택인가'이다.

⑦ '지금 이 순간 내가 믿는 것'을 중심에 둔다.

과거의 후회나 미래의 불안보다 지금 현재 내가 옳다고 믿는 방향이 내 삶을 만든다. 모든 판단의 기준을 '지금의 나'로 삼자.

⑧ 타인의 결정을 따르는 데서 느껴지는 불편함 들여다보기

타인의 결정을 따르는 것엔 문제가 없지만, 따르기 전에 먼저 '나는 어떻게 생각하는가'를 스스로에게 물어보자.

⑨ 동의하지 않는 것에 동의하는 연습하기

나와 다른 사람의 생각이 반드시 일치해야 한다는 압박에서 벗어나자. 의견이 다르다는 사실을 인정하는 것도 하나의 건강한 합의다.

> 심리학자의 한마디

입으로만 떠들지 말고 결과로 증명하라

나만의 흔적을 세상에 남기고 싶다면, 말이나 생각보다 '결과'가 중요하다. 아무리 훌륭한 아이디어라도 실현된 모습을 보여 주지 않으면 사람들의 마음을 움직일 수 없다.

사람들은 눈앞의 현실만을 산다. 아직 오지 않은 미래는 거스를 수 없는 흐름에 불과하다. 지하철에 앉은 사람들은 자율주행차에 관심이 없고, 지구에 사는 사람들은 우주 탐사 계획에 시큰둥하다. 세상은 존재하는 것에 반응할 뿐, 실현되지 않은 꿈에는 무관심하다. 그러니 새로운 가능성을 말할 때 돌아오는 무관심과 비웃음에 주눅 들 필요 없다. 공감받지 못하는 건 당연하다. 모두가 가는 길이 아니라 새로운 길을 만들고자 한다면 필요한 것은 오직 하나, '결과'다.

인간이 하늘을 난다는 발상은 한때 터무니없는 농담으로 받아들여졌다. 그러나 라이트 형제는 아무도 믿지 않던 시대에 비행기를 띄웠고 일론 머스크는 재사용 로켓을 만들었으며, 스티브 잡스는 아이폰으로 세상을 바꾸었다. 처음에는 조롱받았지만 결국 그들은 세상의 일상을 바꿔 놓았다. 이들의 공통점은 상상하거나 떠드는 데서 멈추지 않았다는 점이다. 그들은 상상을 현실로 끌어오기 위해 모든 것을 걸었다.

이처럼 새로운 걸 상상하는 힘과 그것을 행동으로 옮기는 용기가 함께할 때 변화가 시작된다.

증명하기 위해 노력하는 사람은 주변의 의심과 반대를 무릅쓰고 스스로 길을 만든다. 머릿속에만 존재하는 아이디어를 눈앞에 실체로 끌어오는 순간, 세상은 혁신이라는 호칭을 부여한다. 상상은 위대하지만, 실체를 가질 때 비로소 존경과 신뢰가 따라온다.

자신감은 실현에서 시작된다. 누구도 믿지 않던 것을 직접 이루고 보여 주었을 때, 비로소 자신을 믿을 수 있다. 생각을 행동으로 옮긴 경험은 외부의 비웃음에도 흔들리지 않는 중심을 만든다. 세상을 바꾸고 싶다면 말이 아니라 결과로 증명하라. 그것이 진짜 자신감이고 세상에 남는 흔적이다.

4장

완벽을 갈망하다
권태에 빠지지 않도록

Our anxiety does not come from thinking about the future, but from wanting to control it.

– Kahlil Gibran

완벽하게 해내고 싶은 마음은 분명 아름답다. 누구보다 성실하게 임하려는 의지는 마땅히 존중받아야 한다. 그러나 많은 이들이 이 일만 잘 해내면, 불안도 사라질 거라 믿으며 자신을 몰아붙인다. 하지만 '잘하고 싶은 마음'과 '잘해야만 안심할 수 있다는 강박'은 전혀 다른 이야기다. 완벽을 향한 질주는, 종종 '통제하려는 욕구'로 포장된 불안을 숨기고 있다.

> "우리는 미래를 생각하기 때문이 아니라
> 미래를 내 맘대로 조종하고 싶기 때문에
> 불안하다."
>
> -칼릴 지브란(레바논 출신의 미국 철학자, 시인, 화가)-

매사에 최선을 다하는 A는 어떤 일이 주어지든 먼저 계획을 세우고, 마감일보다 앞서 결과물을 완성한다. 동료들 사이에서는 믿음직한 사람으로 통하지만, 혼자 있을 때면 깊은 피로감을 느낀다. 회의에서 말이라도 더듬은 날에는 그 장면을 떠올리며 밤새 자책한다. 주말에도 일 생각을 놓지 못한다. "혹시 내가 실수한 건 없을까?", "다음 미팅에서는 뭐라고 말해야 하지?" 머릿속은 늘 다음 일로 가득하다. 누구보다 잘하고 싶은 마음이 그를 움직이지만, 정작 그는 단 한 번도 마음 편히 '잘하고 있다'는 기분을 느껴본 적이 없다.

완벽을 향한 욕구는 자기 삶을 사랑하는 방식이다

무언가를 완벽하게 해내고자 하는 마음은 건강하고 아름다운 태도다. 그것은 그 일에 진심이라는 증거이자, 더 나은 결과를 만들고자 하는 열망이다. 특히 책임감이 강하고 체계적인 사람일수록 이러한 태도가 더 뚜렷하게 나타난다. 이들은 목표를 향해 빈틈없이 계획을 세우고 예상되는 변수들을 미리 점검하며, 가능한 모든 과정을 통제하려 한다. 예측 가능한 흐름과 정돈된 체계를 선호하기 때문에 일이 틀어지는 상황에 불안을 느끼기도 하지만, 이는 집착이라기보다는 자신의 기준을 지키려는 반응이다. 이들에게 완벽을 향한 마음은 "내가 할 수 있는 최선을 다하고 싶다"는 태도에서 비롯되며, 그 진심은 결과를 떠나 스스로를 더 나은 방향으로 이끄는 강한 내적 동력이 된다.

자신의 환경을 적절한 수준에서 통제할 수 있을 때 심리적인 안정감을 얻는다는 사실은 심리학 실험을 통해서도 확인할 수 있다. 1970년대, 하버드 대학교 심리학자 엘렌 랭어*Ellen Langer*는 노인들을 대상으로 연구를 진행했다. 그녀는 요양원에 입소한 노인들을 두 집단으로 나눈 뒤, 한 집단에는 일상 속 작은 선택권과 통제권을 부여했다. 예를 들어, 방 안에 둘 화분을 스스로 고르고 그 화분을 직접 돌볼지 결정하게 했으며, 하루 일과의 일부도 자율적으로 선택하도록 했다. 반면 다른 집단은 요양원 직원들이 생활 전반을 관리했고, 개인의 선택은 거의 허용되지 않았다.

실험 결과는 인상적이었다. 통제권을 부여받은 집단의 노인들은 신체 건강과 심리적 활력 면에서 뚜렷한 향상을 보였고, 몇 개월 후 사망률도 더 낮았다. 이 실험은 '내가 선택할 수 있다', '내가 영향을 미칠 수 있다'는 인식만으로도 삶의 질이 크게 향상될 수 있음을 보여 준다.

심리학에서는 통제감을 삶에서 주체성을 찾기 위한 핵심 조건으로 본다. 무엇이든 완벽하게 해내고 싶은 마음은 바로 이런 건강한 통제 욕구에서 비롯된다. 이는 책임감 있고 성실한 태도에서 나오는 자연스러운 욕구이며 스스로를 더 나은 방향으로 이끄는 내면의 동기이기도 하다.

통제하려는 마음이 불안에서 오지 않고, 애정에서 비롯된다면 그 노력은 결국 나를 성장시킨다. 완벽을 바라는 마음을 부정하지 말자. 진심에서 비롯된 완벽주의는 삶을 밀고 나가는 원동력이 된다. 다만 그것이 나를 지치게 하지 않도록, 에너지로 작동하도록 조율하는 것이 중요하다.

불안이 만들어 내는 완벽주의 악순환

완벽주의는 좋거나 나쁜 것으로 평가하지 않는, 하나의 개념일 뿐이다. 그러나 예민하고 불안을 자주 느끼는 사람에게 완벽주의적 사고는 자기 보호 방식으로 나타나 문제를 일으킨다. 이들은 막연한 불안과 조바심 속에서 실수를 피하려 애쓰며, 모든 일을 계획대로 해내고자 한다. 그리고 더 꼼꼼하게 변수를 통제하면 마음이 편안해질 것이라 기대한다. 하지만 이런 믿음은, 정서적 안정을 가져다주기는커녕 감정을 억누르는 도구로 바꿔놓는다. 완벽을 향한 노력이 불안을 피하려는 방어 수단이 되면서 완벽주의적 사고에 의존하게 되고, 결국 나와 내 감정 사이의 주객이 뒤바뀌게 되는 것이다.

불안 때문에 발생한 완벽주의적 성실함은 악순환을 낳는다. 불안을 느낄수록 더 열심히 준비하고 철저히 통제하려 하지만, 아무리 치밀해도 삶의 모든 변수를 막을 수는 없다. 결국 예상치 못한 일은 생기기 마련이고, 그 결과는 자신에 대한 자책으로 이어진다. 자책은 다시 더 강한 통제를 부르고, 이 과정이 반복될수록 점점 지쳐 간다.

완벽주의적 사고를 할수록 모든 일을 성과 중심으로 판단하게 되고, 그 안에 얽힌 사람들의 감정과 상황을 이해하려는 힘은 점점 약해진다. 어떤 과정 속에서 누군가 힘든 감정을 털어놓더라도, "결과만 좋으면 잘된 거 아니냐"는 식의 반응이 무의식중에 튀어나온다. 이렇게 우리는 감정을 느끼고 공감하는 능력을 잃어 가며, 성과를 내기 위해 설계된 기계처럼 마음까지 단단하게 굳어 간다.

마음이 불안하면 예측 가능한 것들만을 선호하게 된다. 이미 시도해서 안전하다고 확인한 것, 검증된 방법만을 고수하며 낯선 음식을 맛보거나 다른 길로 산책하는 작은 변화조차 신선함이 아니라 부담스러워 한다. 익숙함이라는 이름으로 스스로를 좁은 틀 안에 가두며, 삶의 가능성을 제한하는 것이다.

이런 패턴이 반복되면서 사고의 유연성과 행동 반경은 점점 줄어든다. 새로운 사람들과의 만남을 피하고, 도전적인 과제는 애초에 시작조차 하지 않으려 한다. '실패할 가능성이 있다면 아예 하지 않는 것이 낫다'는 논리가 일상을 지배하기 시작한다.

결국 '나는 원래 이런 사람이야'라는 제한된 자아상에 갇히게 되고, 이 프레임을 벗어나려는 시도조차 하지 않게 된다. 불안을 피하려던 완벽주의적 태도가 역설적으로 더 큰 불안과 무력감을 만들어내는 악순환이 완성되는 것이다. 더 안타까운 것은, 자신이 그렇게 굳어 버린 사람처럼 행동하고 있다는 사실조차 인식하지 못한 채 살아가는 사람이 많다는 점이다.

나아가는 것과 내몰리는 것의 차이

이렇게 살아가는 사람들은 누구보다 성실하고 성과도 뛰어나지만, 동시에 누구보다 빠르게 번아웃에 빠진다. 에너지가 바닥날 때까지 자신을 몰아붙이고, 한계에 부딪혔을 때에도 오로지 자기 탓이라 여긴다. '나는 왜 이것밖에 못 하지?'라는 자책은 성실해서가 아니라 모든 것을 통제해야만 안심할 수 있다는 불안 때문에 발생한 것이다. 이런 순간에는 결과를 관리하려 애쓰기보다 그 불안이 어디에서 비롯되었는지 먼저 들여다보아야 한다.

우리는 '잘하고 싶은 마음'과 '잘하지 않으면 안 된다는 불안'을 구분할 줄 알아야 한다. 이 두 감정은 겉으로 비슷해 보이지만, 방향성과 밀도에서 전혀 다르다. 전자는 자율적이고 성장 지향적인 반면, 후자는 불안을 없애 줄 완벽한 통제라는 환상에 속아 자신을 점점 좁은 틀 안에 가둔다. '잘하고 싶은 마음'은 과정에 몰입하고 그 안에서 의미를 찾게 하지만, '잘하지 않으면 안 된다'는 불안은 지금 이 순간의 나를 부정하고 결과로만 자신을 증명하게 만든다.

완벽한 결과란 애초에 존재하지 않는다. 존재하는 것은 완벽하고자 하는 마음뿐이다. 그렇다면 우리가 진정 되찾아야 할 것은 완벽한 수행이 아니라, 내 마음이 어디서 출발했는지를 알아채는 감각이다.

'내가 원하는 것은 불안을 완벽주의로 통제할 수 있다는 착각인가, 아니면 무언가를 잘하고 싶다는 간절함인가?' 이 질문에 솔직하게 답할 수 있는 내적 감각이야말로 건강한 삶의 시작점이다. 그 감각이 있어야 완벽주의에 지배되지 않고 스스로의 의지로 선택한 삶을 살아갈 수 있다. 내 마음이 어디서 출발했는지를 알아채는 감각이 있어야 타인의 기대가 아닌, 스스로의 의지로 선택한 삶을 살아갈 수 있다. 그리고 그런 선택에서 비롯된 경험만이 진정한 성취로 이어진다.

Idleness is not doing nothing.
Idleness is being free to do anything.

− Floyd Dell

완벽을 추구하는 사람은 일상을 빈틈없이 채우고 싶은 강한 욕구를 가진다. 하지만 일정을 채우는 데만 집중하다 보면, 어느새 그 일을 지시하는 주체가 타인이 되어 버리는 일이 반복된다. '완벽하게 해내야 한다'는 마음이 커질수록, 그 임무를 나에게 부여한 주체가 누구인지 반드시 되짚어야 한다. 스스로 선택한 목표일 때에만 집중이 지속되고, 피로 속에서도 의미를 잃지 않는다. 반대로 타인의 기대를 나의 목표로 착각하면, 아무리 완벽하게 해내도 그 안에 남는 것은 깊은 공허함뿐이다.

> "쉼은 아무것도 하지 않는 것이 아니라
> 무엇이든 할 수 있는 자유다."
>
> –플로이드 델(미국의 신문·잡지 편집자이자 문학 평론가, 작가)–

"가만히 앉아만 있지 말고, 뭐라도 좀 해."
이 말은 영어로 번역하면 어색하지만, 한국어로는 전혀 낯설지 않다. 우리는 어릴 때부터 시간을 그냥 흘려보내는 것을 허용받지 못했다. 아무것도 하지 않을 바에야 뭐라도 하거나 차라리 나가서 놀라는 말을 듣고 자랐다. 시간을 생산적으로 보내야 한다는 압박은 여행을 가서도 이어진다. 공항에 가면 살 물건이 없어도 면세점을 둘러보다 비행기 출발 직전에야 게이트에 도착하고, 그 여행지에서 반드시 먹어야 할 음식과 가 봐야 할 장소를 모두 경험해야 한다는 부담을 느낀다. '공백'의 시간을 허락하지 않는 사회에서 우리는 쉰다는 의미를 잊은 채 살아가고 있다.

스스로를 쉬게 두지 못하는 사람들

아무리 피곤해도 멈추지 못하는 사람들이 있다. 무언가를 해야만 마음이 놓이고, 아무것도 하지 않고 가만히 있으면 괜히 불안해진다. 맡은 일은 어떻게든 해내고, 누가 시키지 않아도 스스로 챙기며, 모든 일을 끝낸 뒤에도 '이제 뭘 해야 하지?'를 떠올린다. 이들은 늘 무엇인가에 몰두해 있어야만 안심이 된다. 게으름은 자기관리 실패처럼 느껴지고, 여유는 곧 무기력감으로 번진다. 자신이 효율적인 사람이어야만 가치가 있다고 믿기 때문이다. 이런 사람에게 '한가한 하루'는 축복이 아니라 오히려 스트레스다. 아무것도 하지 못한 하루는 실패처럼 느껴지고, 시간을 낭비한 자신에게 실망한다. 결국 머릿속은 다시 일정으로 가득 차고, 아무것도 하지 않는 시간은 스스로에게 허용하지 않는다.

이런 태도는 사실 꽤 오래전부터 길러진 것일지도 모른다. 어릴 때부터 '착한 아이'였던 사람, 책임감이 미덕이라 배워 온 사람, 남에게 폐 끼치는 것을 두려워하는 사람 등 특정한 계기보다 오랜 시간 몸에 밴 삶의 습관이 그렇게 만든 것이다. 이런 사람은 누군가가 무언가를 부탁했을 때 쉽게 거절하지 못하고, 그 부탁이 자신의 계획을 침범해도 웃으며 받아들이며, 결국 자신을 후순위로 미루는 습관이 몸에 밴다. 그렇게 살다 보면 하루 일과가 타인에 의해 좌우되고, 내가 뭘 원했는지는 점점 중요하지 않게 된다. '내가 선택한 일'이 아니라 '남이 시킨 일'로 가득 찬 하루를 반복하다 보면 멈출 수 없는 게 아니라 멈추는 법을 잊어버린 상태에 가까워진다.

끊임없이 움직이는 삶은 때로는 나를 지치게 만든다. 중요한 것은 효율보다 스스로를 존중하는 태도다. 멈출 줄 아는 사람이야말로 끝까지 갈 수 있는 힘을 갖는다.

내 시간을 채우는 주체는 누구인가

하루를 알차게 보내고 싶은 마음 자체는 잘못된 것이 아니다. 시간을 낭비하고 싶지 않다는 생각, 무엇이든 의미 있게 보내고 싶다는 바람은 누구에게나 존재한다. 중요한 것은 그 하루를 누구의 기준으로 채우느냐다. 목표를 지시하는 주체가 외부가 아니라 나 자신일 때, 완벽주의는 나를 억누르는 성향이 아니라 성장을 이끄는 동력이 된다. 타인의 기대에 반응해 시작한 일은 쉽게 부담과 압박으로 다가오지만, 스스로 정한 목표는 그 과정에서의 노력 자체가 보람과 성취로 이어진다. 이러한 전환 가능성은 완벽주의가 어떻게 작동하는지를 분석한 여러 심리 연구에서도 잘 드러난다.

캐나다 맥길 대학교의 던클리*Dunkley* 박사는 대학생 357명과 일반 성인 223명을 대상으로 설문 조사를 진행해 완벽주의를 정밀하게 분석했다. 그는 이 연구에서 완벽주의를 두 가지 유형으로 구분했다.

첫째, '개인 기준 완벽주의*Personal Standards Perfectionism*'는 스스로 목표를 설정하고 성취하려는 강한 의지를 지닌 성향이다. 이러한 사람들은 계획적이고 책임감이 강하며, 목표를 달성했을 때 큰 만족을 느낀다. 이 성향은 성실하고 자기 주도적인 사람들에게 뚜렷하게 나타난다.

둘째, '평가 염려 완벽주의*Evaluative Concerns Perfectionism*'는 타인이 자신에게 완벽을 요구한다고 느끼는 성향이다. 이들은 항상 평가받고 있다는 압박을 느끼며, 기대에 미치지 못했을 때 큰 실망과 좌절을 경험한다. 그로 인해 불안이나 우울 같은 정서적 어려움이 자주 나타나고, 자신을 유능하다고 생각하지 않으며 주변 사람을 신뢰하는 데에도 어려움을 겪는다.

이처럼 완벽주의는 단순히 하나의 성향이 아니라, 동기와 방향에 따라 삶에 긍정적 또는 부정적 영향을 줄 수 있다. 중요한 것은 내가 어떤 기준에 따라 완벽을 추구하고 있는지 인식하는 일이다.

자발적으로 선택한 완벽주의는 옳다

던클리 박사의 연구는 완벽주의가 단순한 성격 특성이 아니라, 그 기준이 '누구로부터 시작되었는가'에 따라 삶의 방향이 달라질 수 있음을 보여 준다. 자기 주도적인 완벽주의는 성장과 만족으로 이어지지만, 타인의 기대에 따라 움직이는 완벽주의는 자기 소모와 고립감으로 흐르기 쉽다. 같은 과정과 같은 결과라도 그 목표를 '누가 설정했는가'에 따라 우리는 전혀 다르게 받아들인다.

삶의 중심이 자기 자신에게 있는 사람은 "잘해야 한다"는 마음이 성과로 이어지는 내적 동력이 된다. 반면, 누군가의 기준에 맞추기 위해 달리면서도 그 사실을 자각하지 못할 때는, 아무리 좋은 결과를 얻어도 마음 한편의 공허함은 좀처럼 채워지지 않는다. 이유는 단순하다. 그 목표가 애초에 '내 것'이 아니었기 때문이다. 그런 마음은 자기 자신을 조급하게 만들고, 내면의 공허함을 느낄 때마다 타인이 설정한 목표라도 급히 채우려 한다. 그렇게 바쁘게 일상을 보내고 있다면, 어느 순간 잠시 멈춰 서서 스스로에게 물어야 한다.

"지금 하고 있는 일은 나도 원하는 일인가?"

"내가 원해서 이만큼 애쓰며 달려온 것인가?"

이 질문의 답을 찾아가는 과정은 완벽주의를 내 삶의 고달픈 짐이 아니라 내적 원동력으로 바꾸는 데 도움을 줄 것이다. 누군가가 심어 준 목표에 끌려가지 않고 내 삶의 리듬을 스스로 조율하는 사람이 되어야 나의 삶을 위해 움직일 수 있다.

바쁘게 사는 데 익숙해진 지금, 우리의 하루를 누가 채우고 있는지 되돌아보자. 일정이 없고, 계획이 비어 있는 순간을 허전함이 아닌 무한한 가능성의 시간으로 바라보자. 그 여백을 어떻게 채우느냐가 곧 삶의 방식이 된다. 그 시간을 타인의 기대를 충족하기 위한 수단이 아니라 나 스스로에게 부여한 목표를 향해 나아가는 기회로 인식해야 한다.

여백은 채워야 할 빈 공간이 아니다. 그것은 당신이 지금까지 치열하게 살아온 결과로 얻은 소중한 보상이자 특권이다. 타인의 기대를 맞추기 위해 달려온 시간들, 남들이 정한 기준에 맞추느라 힘들어했던 순간들이 모여 만들어 낸 이 여백은 이제 온전히 당신의 것이다. 더 이상 누군가의 눈치를 보며 그 시간을 급히 채우려 하지 말고, 당신만의 취향으로, 당신만의 리듬으로 그 공간을 자유롭게 그려 나가야 한다. 그

동안 참아 왔던 나만의 꿈, 미뤄 왔던 나만의 관심사, 잠시 묻어 두었던 나만의 호기심을 꺼내어 이 여백을 채워 보자. 이것이야말로 당신이 그동안 고생한 것에 대한 진정한 보상이며, 마침내 누릴 수 있게 된 삶의 혜택이다.

One does not travel to arrive, but to travel.

– Johann Wolfgang von Goethe

결과를 내는 데 익숙한 사람일수록 설명하기 어려운 공허함을 느낀다. 목표를 이뤘는데도 마음은 가라앉지 않고, 어느새 다음 일을 찾아 헤맨다. 분명 바라던 결과를 얻었는데, 왜 만족은 오래 머물지 않는 걸까. 어쩌면 답은 우리가 걸어온 여정 속에 이미 있는지도 모른다. 같은 결과라도 과정을 어떻게 지나왔는지에 따라 마음에 남는 울림은 전혀 다르다.

> "여행의 목적은
> 그곳으로의 도착이 아니라
> 여행 그 자체다."
>
> -요한 볼프강 폰 괴테(독일의 고전주의 작가, 철학자)-

성실하게 살아가는 사람들은 하루의 끝에서 반드시 성과를 확인하려 한다. 누군가에게 인정받거나 숫자로 드러나는 결과가 있어야만 비로소 "오늘도 잘 살았다"라고 말한다. 그 과정에서 어떤 감정을 느꼈는지, 얼마나 힘들었는지는 중요하지 않다. 결국 결과가 좋았으니 다행이고, 아무리 힘들었어도 버텼다면 잘한 것이라고 여긴다. 그렇게 감정보다 결과에, 과정보다 성과에 익숙해지고, 피로와 불편, 마음의 소진조차도 더 나은 결과를 위한 당연한 노력으로 받아들이게 된다. 어느 순간 "왜 이렇게 힘들까?"라는 물음마저도 "그래도 결과가 괜찮았잖아"라는 자기 합리화로 덮고는 다시 다음 목표를 향해 나아간다.

결과에 매몰되어 놓치는 결과

성과주의적인 사람들은 일단 목표가 설정되면 앞뒤를 돌아보지 않고 전속력으로 달려간다. 계획을 세우고 과정을 세분화하며, 효율성을 극대화하는 데 익숙하다. 이러한 성향은 책임감 있고 성취지향적인 모습으로 사회에서 높이 평가받고 환영받는다. 그러나 감정의 흐름과 삶의 리듬을 무시한 채 결과만 좇다 보면 삶의 중요한 결을 놓칠 위험도 크다.

타인의 기대에 부응해야 한다는 부담, 실수하지 말아야 한다는 강박, 그리고 자신이 세운 기준을 절대시하는 태도로는 과정을 즐길 수 없다. '무슨 그림을, 어떤 색깔로, 왜 그리는가'를 고민하는 과정에도 분명한 즐거움이 있다. 그러나 결과에만 몰두하면 그 재미를 누릴 기회를 놓치게 된다. 이런 마음가짐이 삶을 지배하면 아무리 좋은 결과를 얻어도 마음은 공허하고, 결과가 나쁘면 스스로를 탓하게 된다. 결국 아무리 많은 일을 해내도 만족을 느끼지 못한 채, 또 다른 목표를 향해 스스로를 몰아세우는 삶을 반복하는 것이다.

'성과'가 아닌 '성취'를 위한 여정으로

괴테는 인생의 의미를 단순히 목적지에 도달하는 것이 아닌 여정 그 자체에서 찾았다. 하지만 우리는 언제부턴가 정해진 목표에 도달하는 속도와 결과를 더 중요하게 여기며 살고 있다. 감정과 경험은 뒷전이 되었고, 과정을 돌아볼 여유 없이 쌓아 올린 성과는 결국 우리를 지치게 한다.

이때 우리에게 필요한 것은 '성과$_{performance}$'가 아니라 '성취$_{achievement}$'다. 성과는 결과를 만들어 내는 데 초점을 두는 반면, 성취는 그 결과에 이르기까지의 과정에도 집중한다.

즉, 성과는 해야 할 일을 해내는 것이고, 성취는 하고 싶은 일을 해내는 것이다. 우리는 성과를 얻기 위해 목표를 세우고, 그 목표를 이루기 위한 계획을 수립하며, 이를 단계별로 나누어 하나씩 실행한다. 그렇게 해서 원하는 결과를 만들어 냈다면 그것을 성과라고 부른다. 그 과정에 성취가 없다면 그 성과는 단지 일회성 결과에 머물고, 다음 성과 역시 같은 작업의 반복에 지나지 않는다. 성취는 내가 목표에 도달하는 여정 속에서 무엇을 느끼고 배우며, 단계마다 어떤 의미를 발견하고 음미했는가에 달려 있다. 성취가 깃든 성과는 단순한 결과를 넘어서 나를 성장시키고, 삶에 본질적인 만족감을 더

해 준다. 결국, 지속가능한 동기와 내적인 힘은 성취에서 비롯된 성과를 통해 완성된다.

과정에 집중하는 힘

과정에 몰입하는 것이 성실한 사람에게 특히 중요하다는 사실을 보여 주는 연구가 있다. 네덜란드 심리학자 아르놀드 바커*Arnold Bakker*와 그의 동료들은 직장에서의 몰입 경험*Work Engagement*이 실제 직무 성과에 어떤 영향을 미치는지를 연구했다. 다양한 직업군의 직장인 144명을 대상으로 설문 조사를 실시하고, 응답자들의 성과 자료는 상사를 통해 수집해 분석했다. 여기서 몰입이란, 어떤 일을 할 때 시간 가는 줄 모르고 완전히 집중하면서 즐거움을 느끼는 상태를 뜻한다.

연구 결과, 일이 재미있고 의미 있다고 느끼며 몰입한 사람일수록 실제 업무 성과가 높게 나타났다. 특히 성실하고 책임감이 강하며 계획적인 성향을 지닌 사람일수록 더욱 그러했다. 이러한 결과는 일을 잘 해내는 데 스트레스나 압박감이 반드시 필요한 것은 아니며, 오히려 일 자체에서 느끼는 의미와 즐거움이 중요한 영향을 미친다는 사실을 보여 준다.

삶의 진짜 힘은 결과를 향한 조급함이 아니라, 과정을 살아내는 태도에서 나온다. 어떤 일을 해내는 동안 내가 무엇을 느끼고, 어떤 생각을 하며, 어떻게 나를 이끌어 가는지를 의식하는 마음. 그것이야말로 진짜 내 삶을 살아가는 방식이다.

과정을 즐긴다는 것의 의미

과정을 즐긴다는 건 단순히 웃는 얼굴로 일을 하라는 뜻이 아니다. 그것은 고급 레스토랑에서 잘 차려진 한 끼 식사를 음미하듯, 지금 내 앞에 놓인 일을 한 입 한 입 천천히 받아들이는 태도에 가깝다. 빠르게 삼켜 버리는 식사가 아니라, 내가 무엇을 맛보고 있는지, 내 마음을 지나가는 감정이 무엇인지를 알아차리는 시간이다.

때로는 입안에 쓴맛이 돌고, 생각보다 질기거나 낯선 맛이 느껴질 수도 있다. 하지만 그것 또한 내 삶의 일부로 받아들이는 마음이 필요하다. 기대와 어긋나고, 부드럽게 흐르지 않을 때도 있지만, 그 모든 순간 속에는 분명히 '살아 있다'는 감각이 있다. 감정 기복, 집중과 흔들림, 애씀과 멈춤, 그 하나하나가 결국 내가 만들어 가는 인생의 재료가 된다.

아이들은 바닷가에 가면 누구의 지시 없이도 모래성을 쌓기 시작한다. 완성된 모습이 어떤 것일지 몰라도 손으로 흙을 만지고, 다듬으며 자신만의 작은 세계를 만들어 간다. 웃고 떠들며 놀다 보면 어느새 형태가 생기고, 파도에 모래가 다 쓸려 가도 얼마든지 다시 시작한다. 중요한 것은 함께 웃으며 즐긴 순간, 그리고 그 놀이에서 발견한 저마다의 방식과 아름다움이다.

우리도 다르지 않다. 지금 이 순간 내가 다듬고 있는 과정에 진심을 담을 수 있다면, 언젠가 돌아봤을 때 그 모든 순간이 모여 오직 나만이 완성할 수 있는 단 하나의 무언가가 되어 있을 것이다. 삶의 진짜 아름다움은, 그것을 쌓아 가는 바로 그 과정 속에 숨어 있다.

결과가 아닌 과정에 몰입하는 5가지 방법

① 실패해도 괜찮다고 스스로에게 말해 주기

몰입은 잘하려는 마음이 아니라 해 보려는 태도에서 시작되며, 실패를 받아들이는 순간 진짜 과정이 열린다.

② **과정의 감각에 집중해 보기**

손이 움직이는 느낌, 소리, 리듬처럼 작업 중에 느껴지는 '감각'을 의식하면 단순한 실행이 생생한 체험으로 바뀐다.

③ **즐거운 흐름이 언제 나오는지 기록하기**

언제, 어디서, 어떤 일을 할 때 시간이 빠르게 흘렀는지 기록해 두면, 나만의 작업 방식을 찾을 수 있다.

④ **세 문장으로 나를 칭찬하기**

오늘 기억에 남는 일, 즐거웠던 순간, 방해 요소를 기록하면 일상의 흐름을 더 소중히 여길 수 있다.

⑤ **일의 의미를 자주 되짚어 보기**

"나는 왜 이걸 하고 있지?"라는 질문은 흐트러진 마음을 다시 몰입으로 이끄는 강력한 리셋 버튼이다.

Try as hard as we may for perfection,
the net result of our labors is an amazing
variety of imperfectness.

– Samuel McChord Crothers

돌다리도 두드려 보고, 잘 되어 가는지 확인하고
또 확인하며, 가장 좋은 방법을 찾아도 인생에는
늘 예상치 못한 변수가 나타난다. 불확실성으로 가
득한 세상에서 결과는 언제나 우리의 예측을 비껴
가지만, 이미 최선을 다해 애썼다면 결과를 있는
그대로 받아들이는 용기도 필요하다.

> "완벽을 향해 아무리 노력해도,
> 그 결과는 놀라울 정도로
> 다양하게 불완전하다."
>
> —사무엘 맥코드 크로러스(미국의 목사, 수필가)

현실은 언제나 예측할 수 없는 방식으로 흐른다. 어떤 사람은 시작과 동시에 속도를 내고, 또 어떤 사람은 마지막 순간에 몰아서 집중한다. 중간에는 별다른 말없이 있다가 마감 직전에야 전화를 거는 이도 있고, 이미 정해진 안건을 처음부터 다시 논의하자고 요구하는 경우도 있다. 프로젝트가 마무리될 무렵, 최종 결정권자가 방향을 바꾸는 일도 빈번하게 일어난다. 이런 상황은 완벽주의 성향을 가진 사람에게 큰 스트레스로 다가온다. "왜 미리 말하지 않았을까?", "왜 처음 계획대로 가지 않는 걸까?"라는 질문이 머릿속을 떠나지 않는다.

아무리 잘해도 늘 변수로 가득한 세상

위와 같은 일이 일어나는 이유는 누군가의 무능이나 무례 때문이 아니다. 각자의 업무 스타일, 직급, 책임의 무게, 업무 접근 방식이 모두 다르기 때문이다. 어떤 사람은 전체 그림이 그려져야 방향을 정하고, 어떤 사람은 마지막까지 세부 사항보다 전체 구조를 끝까지 지켜본 뒤에야 결정을 내린다. 이렇게 되면 수정은 불가피하고, 수정이 생기면 누군가는 이미 완성한 작업을 다시 손봐야 하는 일이 생긴다. 이런 예외는 예상 밖의 변수가 아니라, 오히려 일의 자연스러운 흐름이다. 이런 유동성은 오히려 일의 본래적인 속성일 수 있다.

물론 그렇다고 해서 모든 혼란이 정당화되는 것은 아니다. 변수를 줄이기 위한 사전 준비, 일관된 소통, 충분한 설명과 협의는 여전히 중요하다. 다만 그 노력이 '모든 변수를 제거해야 한다'는 강박으로 바뀌는 순간, 책임감이 아니라 통제욕으로 변질된다. 그리고 일이 기대처럼 흘러가지 않으면 그 원인을 자신에게서 찾기 시작한다. "이렇게까지 준비했는데 왜 이런 일이 생기는 걸까?"라는 의문은 서운함과 억울함으로 이어지고, 나중에는 '내가 너무 열심히 하니까 다른 사람들은 대충 해도 되는 줄 안다'는 피해 의식으로 이어진다.

처음에는 그저 잘해 보고 싶었던 마음이, 현실의 유동성과 부딪히며 결국 스스로를 몰아세우는 부정적인 감정으로 변해 버리는 것이다.

최선을 다한 후에는 미련 없이 자리를 뜰 것

우리가 해야 할 일은 완벽한 세상을 만드는 것이 아니다. 불완전한 현실 속에서도 지킬 수 있는 나만의 기준을 분명히 세우는 것이다. 이 기준은 누구도 대신 정해 줄 수 없다. 남들이 보기엔 부족해 보여도, 내 안에서 납득할 수 있는 최선을 다했다면 그것이 곧 내 삶의 리듬이 된다. 내가 감당할 수 있는 속도, 무리 없이 유지할 수 있는 흐름, 조금 무리를 하더라도 감수할 수 있는 한계까지 스스로 아는 것. 언제 지치고, 어떻게 몰입하며, 어떤 상황에서 회복이 필요한지를 놓치지 않는 사람. 그런 사람이 자신을 진정으로 아끼는 사람이다.

그리고 그 기준 안에서 "이 정도면 내 기준에서 충분하다"라고 말할 수 있다면, 그것이면 족하다. 타인의 칭찬이나 결과의 완벽함이 노력을 증명하는 것이 아니다. 스스로 할 만큼 했다는 확신이 들 때, 비로소 하나의 일을 마무리할 수 있다.

그 확신이 없다면 아무리 높은 성과를 올려도 마음은 늘 불편하고, 또 다른 목표를 향해 쉴 틈 없이 몰리게 된다. 이런 삶이 반복되면, 결국 결과마저 흐려진다.

심리학자 로버트 여키스_Robert Yerkes_와 존 딜링햄 도슨_John Dillingham Dodson_의 연구도 이 사실을 뒷받침한다. 그들은 사람이 얼마나 긴장 또는 집중하고 있는지를 나타내는 '각성 상태'와 수행 능력 간의 관계를 연구했다. 두 사람은 각성 상태가 일정 수준까지는 집중력과 성과 향상에 도움이 되지만, 그 수준을 넘거나 오랫동안 유지되면 오히려 성과가 떨어진다는 사실을 밝혀냈다. 긴장감이 과부족하면 수행 능력이 떨어지는 이 원리는 '여키스-도슨 법칙_Yerkes-Dodson Law_'으로 불린다.

한국 대학생을 대상으로 한 연구에서도 비슷한 결과가 나타났다. 적당한 불안과 긴장은 학업 성취에 긍정적인 영향을 미치지만, 그런 마음이 지나치게 강하거나 오래 지속되면 성적이 오히려 떨어졌다. 다시 말해, 긴장과 목표 의식은 일정 수준까지는 동기를 부여하지만, 그 수준을 넘거나 장기화되면 학업 수행에 오히려 방해가 될 수 있다는 뜻이다.

내가 가장 잘할 수 있는 순간이 왔다면, 그 정점에서 멈출 줄 아는 것도 중요하다. 긴 소설을 끝까지 읽고 마지막 페이지를 덮는 순간처럼, 최선을 다한 후에는 책을 조용히 책장에 꽂고 자리를 털고 일어나는 것이다. 담담하게, 후회 없이, 스스로에게 부끄럽지 않게. 그 자리에 마음을 붙들리지 않기 위해 필요한 것은 완벽한 결과가 아니라, 과정 속에 얼마나 진심을 담았는지에 대한 스스로의 판단이다.

    완벽은 우리가 만들어 내는 결과물이 아니라, 그 자리를 떠나는 순간 남는 태도다. 흔들리는 상황에서도 끝까지 책임감 있게 마무리한 사람, 복잡한 과정 속에서도 중심을 지킨 사람, 스스로 세운 기준을 지키기 위해 애쓴 사람이 남기는 진심. 그것이야말로 누군가의 기억 속에, 혹은 내 마음속에 "완벽했다"라는 감정을 남기는 진짜 방식이다.

Art is a mysterious force that gives meaning to life.

– John Locke

달인과 장인의 차이는 숙련도를 넘어, 그 일에 담긴 태도와 철학에서 갈린다. 예를 들어, 20년 넘게 근무한 은행원이 눈을 감고도 돈뭉치의 액수를 단번에 알아맞힌다면, 이는 반복된 경험에서 비롯된 능숙함의 극치로 '달인'의 경지에 가깝다. 반면 '장인'은 단순한 결과보다 정교한 과정과 완성도에 깊이 몰입하며, 그 속에서 자신만의 철학과 미감을 담아내는 사람이다. 같은 동작을 반복하더라도 그 안에서 새로운 의미와 아름다움을 발견하고 그것을 완성도 높게 표현해 낼 수 있을 때 비로소 장인의 경지에 이른다.

> "예술은 삶을 의미 있게
> 만들어 주는 신비한 힘이다."
>
> –존 로크(사회계약론으로 정치 철학에 큰 영향을 준 잉글랜드 철학자)–

원하는 사진을 업로드하면 일본의 유명 애니메이션 제작사 '지브리 스튜디오'의 그림 스타일로 바꿔 주는 AI 기술이 최근 화제였다. 저작권 관련 문제는 차치하고, 많은 사람이 지브리풍 AI 사진의 기술적 완성도에 감탄했지만 그 놀라움과는 별개로 〈센과 치히로의 행방불명〉이나 〈하울의 움직이는 성〉처럼 가슴을 울리는 원작의 감동은 누구도 느끼지 못했다.

AI가 만들어 낸 이미지는 기술적으로는 우수하지만, 그 안에 이야기를 담고 삶을 통째로 녹여 내는 깊이는 없다. 반면 미야자키 하야오가 손수 그린 지브리 원화는 단순한 그림을 넘어, 시대를 초월해 남녀노소 누구에게나 깊은 울림을 남긴다. 우리는 AI를 '지브리풍 그림의 달인'이라고 부를 수는 있어도, '장인'이라고는 할 수 없을 것이다.

반복의 달인과 존경받는 장인의 차이

눈부시게 발전한 AI는 인간만이 할 수 있을 것 같았던 일조차 빠르게 해낸다. 지치지 않고, 감정에도 흔들리지 않는다. 만약 AI에 성격을 부여한다면, 방대한 양을 학습하고 체계적으로 분류하며, 필요한 순간 정보를 일목요연하게 꺼내 활용하는 아주 성실한 사람에 가까울 것이다.

우리가 AI의 능력에 놀라듯, 성실한 사람이 마음을 다해 일에 몰두할 때 사람들은 그의 능력에 감탄한다. 목표가 생기면 가장 효율적인 방법을 고민하고, 실수를 줄이기 위해 과정을 반복하며 정교하게 다듬는다. 시간이 지날수록 더욱 매끄럽고 정확하게 움직이고 마치 프로그램처럼 완벽에 가까워진다. "어떻게 저렇게 실수 하나 없이 하지?", "정말 일 잘한다"라는 말이 자연스럽게 따라온다. 그러나 그 감탄은 어디까지나 '기능'에 대한 감탄일 뿐, 그의 내면이나 철학에 대한 깊은 존경으로 이어지지는 않는다. 능숙함은 신기하고 인상적일 수는 있지만, 그것만으로는 사람의 마음을 움직이는 감동에 이르지 못한다.

일을 빠르고 정확하게 반복 수행하는 데에만 초점을 맞춘다면 그것은 기술일 뿐이다. 반복을 통해 쌓은 숙련도는 소중한 자산이지만, 거기서 멈춘다면 그 일은 언제든 다른 누군가나 기계로 대체될 수 있다. 기술은 따라 할 수 있어도, 그 일을 대하는 태도와 그 안에 담긴 마음은 복제할 수 없는 고유한 가치다. 성실함 위에 의미를 더하고, 기능 위에 감정을 얹을 수 있을 때 비로소 일은 '작품'이 되고, 단순한 숙련자를 넘어 '장인'이라 불릴 수 있다.

예술로 승화된 일에는 감동이 담긴다

일본 애니메이션의 거장 미야자키 하야오 감독은 앞서 언급한 〈센과 치히로의 행방불명〉, 〈하울의 움직이는 성〉뿐만 아니라 〈이웃집 토토로〉, 〈모노노케 히메〉 등 수많은 명작을 통해 전 세계 관객에게 깊은 감동과 상상력을 선사해 왔다.

미야자키 감독은 사무실에 가장 먼저 출근하고 가장 늦게 퇴근할 만큼 성실하다. 작품이 제작에 들어가면, 정해진 시간을 제외하고는 거의 하루 종일 작업에 몰두하며, 각본, 기획, 연출, 캐릭터 디자인에 이르기까지 대부분의 과정을 혼자 감당한다. 특히 그는 컴퓨터 대신 연필로 직접 그림을 그리는 것으로도 잘 알려져 있다.

하지만 그가 이러한 철저함과 성실함만으로 예술의 대가가 된 것은 아니다. 작품의 주인공뿐만 아니라 스쳐 지나가는 나무나 구름을 그리더라도 작품에 꼭 맞는 모습을 찾기 위해 드로잉을 수백 번 반복한다. 익숙한 작업 속에서도 매번 새로움을 불어넣으려는 치열한 노력의 흔적이다. 그의 예술은 그렇게 혼을 담아 만들어지며, 결국 전 세계를 감동시키는 명작으로 탄생한다.

장인은 같은 일을 반복하면서도 늘 새롭게 들여다본다. 조금 다른 방식으로 해 볼 수 없을까? 더 나은 방법은 없을까? 어제보다 더 섬세하게 표현할 수 없을까? 이런 질문을 끊임없이 자신에게 던지며, 일의 과정 속에서 자신만의 의미를 발견하고 깊이를 더해 간다. 그 깊이에는 기쁨과 실수, 때로는 좌절까지 모두 녹아 있다. 그러나 그 모든 희로애락이 한 사람의 손끝과 마음을 통해 켜켜이 쌓이며, 그는 단순한 '숙련자'를 넘어서는 존재가 된다.

장인은 단순히 일을 '잘하는 사람'이 아니다. 일을 통해 자신을 표현하고, 세상과 소통하는 사람이다. 그 안에는 단순한 기술을 넘어선 감정이 있고, 반복되는 일상 속에서도 살아 숨 쉬는 철학이 있다. 누군가는 청소를 하면서도 물걸레를 짜는 손끝에 세심한 배려를 담고, 또 다른 이는 매일 같은 방식으로 커피를 내리면서도 그날의 감정과 기분을 담아 한 잔을 건넨다. 이 차이는 어쩌면 아주 작아 보일 수 있지만, 바로 그 작은 차이 속에서 우리는 '예술'을 느낀다.

예술이란, 그 일을 어떻게 바라보고 대하는지에 대한 진심의 표현이다. 진심이 담기는 순간, 반복적인 업무라도 사람을 감동시키는 하나의 작품이 된다. 결국 '장인'이라는 이름은 기술의 완성도가 아니라, 마음을 담는 태도에서 비롯된다. 그래서 우리는 기계보다 느릴 수는 있어도, 단 한 번의 손길로 사람의 마음을 움직일 수 있는 사람을 장인이라 부른다. 그리고 그런 사람의 일은 결코 대체될 수 없는, 세상에 단 하나뿐인 이야기로 남는다.

일상을 예술로 만드는 8가지 방법

① 같은 일이라도 '다르게 해 보는 날' 만들기

효율이 떨어질까 망설여질 수 있지만, 일의 틀을 살짝 바꿔 보는 연습은 성실함에 유연함을 더해 준다.

② 작업 후 '오늘 내가 느낀 감정'을 짧게 메모하기
결과 중심 사고에 익숙할수록 감정을 생략하기 쉬운데, 감정을 기록하는 습관은 나만의 일하는 감각을 회복하는 데 도움이 된다.

③ 익숙한 것을 '처음 보는 듯한 시선'으로 관찰하기
이미 익숙하다고 여겨지는 대상일수록 그냥 넘기기 쉽지만, 관점의 전환은 생각의 깊이를 넓히는 가장 간단한 훈련이다.

④ 작은 '나만의 터치'를 더해 보기
빨리 정확하게 처리하는 데 익숙한 사람일수록 불필요하다 생각할 수 있지만, 감성의 여백은 일에 깊이와 여운을 남긴다.

⑤ 하루 한 번 '예술 같다'고 느낀 순간을 기록하기
감탄을 사치로 느끼는 성향일수록 이 연습은 어색하지만, 일상 속 아름다움을 포착하는 능력은 창의성과 연결된다.

⑥ 일하는 공간의 구조 바꿔 보기

집중에 예민한 사람일수록 익숙한 환경을 선호하지만, 공간의 작은 변화는 생각의 틀을 흔드는 데 효과적이다.

⑦ 평소 다니던 출근길이나 산책길을 바꿔 보기

예측 가능한 루틴을 선호하는 사람에게 낯선 길은 불편하지만, 낯섦이 주는 자극은 창의성을 깨우는 시작점이 된다.

⑧ 처음 가 보는 장소에서 혼자만의 시간 보내기

비생산적인 시간처럼 느껴질 수 있지만, 낯선 공간은 내면의 시선을 새롭게 정리해 주는 중요한 쉼표가 된다.

The road to hell is paved with good intentions.

– 서양 속담

'주어진 일'이라는 표현에는 누군가 그 일을 시켰다는 전제가 담겨 있다. 일을 맡은 사람은 성실하게 해내려는 의지를 가졌고, 지시한 사람 역시 필요한 일을 함께하기 위한 선한 의도를 품었을 것이다. 표면적으로는 양쪽 모두 긍정적인 출발이다. 하지만 최선을 다했음에도 점차 '이용당한다'는 느낌이 들기 시작하면, 마음은 무기력해지고 결국 상대에 대한 원망으로 흐를 수 있다. 서로의 선한 의도에도 불구하고, 상황을 받아들이는 방식과 감정이 누적되는 과정에서 스스로를 지옥에 빠뜨리게 되는 것이다.

> "지옥으로 가는 길은 선의로
> 포장되어 있다."
>
> –서양 속담–

영화 〈악마는 프라다를 입는다〉에서 주인공 앤드리아는 기자를 꿈꾸지만, 현실적인 이유로 유명 패션 잡지 〈런웨이〉에 취직한다. 그는 냉혹하고 철두철미한 편집장 미란다의 비서로 일하며, 어떤 일도 마다하지 않고 열심히 해낸다. 낯선 패션 업무부터 미란다의 커피 심부름, 자녀의 공연 발표를 위한 무리한 일정 관리까지 최선을 다한다.

그러나 어느 순간 문득 모든 책임이 자신에게 몰리는 것 같다고 생각한다. 늘 더 일찍, 더 열심히, 더 치열하게 일하고 있는데도 말이다. 잘하고 싶은 마음이 커질수록 일이 쌓이고, 피로는 온전히 그의 몫이었으며, 동료들은 그를 무시했다. 그저 열심히 일했을 뿐인 앤드리아의 사회생활은 왜 점점 더 어려워지기만 했을까?

완벽하게 해내고 싶은 마음이 관계를 종속시킨다

주어진 일을 완벽하게 해내려는 마음은 선한 의도에서 비롯된다. 책임을 다하고 기대 이상의 결과를 내고자 하는 태도는 조직과 관계에 긍정적인 에너지를 불어넣는 중요한 동력이 된다. 그러나 이 마음은 '주어진 일'이라는 표현 속에 내포된 전제, 즉 그 일을 누군가 시켰다는 사실과 맞물릴 때 다른 방향으로 흐를 수 있다. 어느 순간부터 일보다 사람에게 마음이 묶이게 되는 것이다.

완벽하게 해내고자 하는 마음이 강할수록, 자연스럽게 일을 지시한 사람의 의도와 기대에 더 민감해진다. 단순히 좋은 결과를 내는 것을 넘어, 상대가 머릿속에 그리고 있을 이상적인 그림에 맞추려 애쓰게 된다. 이때부터 노력은 일 자체를 위한 것이 아니라, 지시한 사람의 생각을 구현해 내는 과정으로 바뀐다. 그렇게 일이 아닌 사람에게 종속되는 관계가 조용히 시작된다.

물론 어떤 일이든 최상의 결과를 만들기 위해서는, 상대의 기대를 파악하고 방향을 맞추는 과정이 필요하다. 하지만 아무리 세심하게 실행해도, 결과가 기대에 미치지 못하거나 실패로 돌아가는 일은 언제든 생길 수 있다. 문제는 이 실망이 단순히 결과에 대한 것이 아니라, 사람에 대한 감정으로 이어진다는 점이다. "이 정도밖에 안 되나?", "내가 이렇게 애썼는데 왜 이런 결과지?"와 같은 생각은 정서적 거리감을 만든다.

요청받은 일에 혼신을 다했음에도 실패하는 경험이 반복되면, 실망은 '내 열정이 이용당했다'는 감정으로 번지기도 한다. "나만 애쓴 것 같다", "내가 잘하니까 계속 몰아주는구나"라는 생각이 쌓이며 상처가 되고, 어느 순간부터는 의지가 사라진 자리에 억울함과 무기력함이 자리 잡는다.

하지만 누군가가 처음부터 타인을 이용하려 했던 경우는 드물다. 요청이나 지시를 하는 사람 역시 그 순간에는 나름의 책임감과 기대를 안고 최선을 다하려는 마음으로 행동한다. 경험이나 지위와 무관하게 어느 누구도 모든 변수를 예측할 수는 없다. 그럼에도 우리는 자신의 의도는 순수하다고 여기면서 타인의 의도는 쉽게 의심하곤 한다.

자신과 타인을 평가하는 서로 다른 기준

이러한 심리적 경향은 저스틴 크루거*Justin Kruger*와 토머스 길로비치*Thomas Gilovich*의 연구로 뒷받침된다. 약 300명의 대학생을 대상으로 실험을 진행한 결과, 두 연구자는 참가자들이 자신을 평가할 때는 '의도'를, 타인을 평가할 때는 '실제 행동'을 더 중요하게 고려하는 경향을 보인다는 사실을 밝혔다.

이를 잘 보여 주는 흥미로운 실험이 '콜드프레서 실험*cold-pressor task*'이다. 연구진은 참가자들에게 얼음물에 손을 담근 시간만큼 자선 단체에 기부금을 전달할 수 있다고 안내했다. 예를 들어, 1분당 50센트가 기부되는 방식이었다. 실험이 끝난 뒤, 참가자들은 자신이 얼음물에 손을 담근 시간, 이타성, 자선 단체를 돕고자 한 마음의 정도를 스스로 평가했다. 동시에 다른 참가자들은 실험 장면을 영상으로 관찰하고, 동일한 항목을 외부 관찰자 입장에서 평가했다.

결과는 명확했다. 얼음물에 손을 담근 참가자들은 자신의 의도를 높게 평가하며 스스로를 이타적인 사람이라 여겼다. 반면, 관찰자들은 실제 얼음물에 손을 담근 시간에 따라 이타성을 평가했다. 즉, 사람들은 자기 자신에게는 마음을 기준으로, 타인에게는 결과를 기준으로 평가하는 경향을 보였다.

이 실험은 일상생활에서 흔히 발생하는 평가의 불균형과 그로 인한 오해의 원인을 잘 보여 주는 사례다.

일을 완벽하게 해내려는 사람이 겪는 경험도 크게 다르지 않다. 선한 의도로 시작했다 해도 결과는 실패일 수 있고, 오해도 생기며, 책임이 모호한 회색 지대도 존재한다. 모든 상황을 논리적으로 설명하거나 다음 실수를 완벽히 예방하는 것은 사실상 불가능하다. 그렇기에 실패의 원인을 누군가의 악의나 무능으로 단순화하는 것은 위험하다. 그렇게 바라보는 시선은 실제 상황을 객관적으로 이해하려는 것이 아니라, 자신의 감정을 정당화하려는 편협한 해석일 수 있다. 우리는 자신의 선한 의도를 근거로 책임을 가볍게 여기고, 타인에게는 결과만을 근거로 냉정하게 판단하는 경향이 있기 때문이다.

나를 종속시킨 건 다름 아닌 나 자신

누군가에게 인정받고 싶어서였을까? 책임감을 지키기 위해서였을까? 아니면 스스로 만족할 결과를 얻고 싶었기 때문일까? 이유가 무엇이든, 많은 사람은 주어진 일을 앞에 두고 이렇게 다짐한다.

"이건 내가 꼭 잘해야 하는 일이야."

이 말은 곧 태도의 기준을 바꿔 놓는다. '하고 싶어서'가 아니라, '잘해야만 하니까'라는 압박 속에서 움직이므로 일의 맥락이나 본질을 살피는 과정을 생략하고, '어떻게 잘할 수 있을까', '결과가 좋아야 한다'는 생각에만 몰두하게 된다. 그 결과, 일에 담긴 의미는 흐려지고 성과에만 집착하게 된다. 결국 주도적으로 일하지 못하고 결과에 휘둘리게 된다.

문제는 이 흐름이 혼란과 어긋남의 출발점이 된다는 점이다. 처음에는 자발적으로 시작했지만, 시간이 지나며 기대와 어긋날 때 불편함이 쌓인다. 내 의견이 무시당하거나 노력에 비해 결과가 따라오지 않는 현실, 지시자와의 신뢰 균열이 복합적으로 얽히면서 마음의 골이 깊어진다.

"나는 왜 이렇게까지 애쓴 거지?"라는 자책과 "저 사람은 왜 이렇게 무책임하지?"라는 원망이 교차하며, 일은 점차 나를 움직이는 무언가가 되고, 지시자는 나를 움직이는 존재가 된다. 그리고 나는 그저 반응하는 사람이 될 뿐이다.

처음엔 모두가 좋은 의도로 시작했지만, 결국 사람도 세상도 분노와 실망으로 가득 찬, 스스로 만들어낸 지옥 같은 상황으로 자신을 밀어 넣는다. 결국 나를 지치게 하는 건 지시자나 외부 상황이 아니라 내 안에 있던 압박감이다. 실망시키고 싶지 않다는 불안과 기대에 부응하려는 마음 때문에 주체성이 흐려지는 것이다.

과도한 책임감과 완벽주의는 처음에는 열정처럼 보이지만, 결국 스스로를 몰아세우는 내면의 채찍이 된다. 타인의 기준에 맞추려는 삶은 자율성을 잃고 자신을 지치게 만든다. 인정받고 싶은 마음이 존재 가치의 유일한 기준이 되는 순간, 우리는 더 이상 자신을 위한 삶을 살 수 없다.

심리학자의 한마디

잘해야만 한다는 생각은 강박, 잘하고 싶은 마음은 강점

무엇인가 잘하고 싶어하는 마음은 그 자체로 존중받을 만하다. 그러나 같은 노력도 어떤 의도에서 출발하느냐에 따라 전혀 다른 결말을 만든다. 부족한 능력이 드러날까 하는 불안에서 비롯된 완벽주의는 점점 조급함과 불안에 짓눌려 일의 본질을 흐리고, 결국 스스로를 지치게 만든다.

반면, 일에 대한 애정에서 출발한 완벽주의는 사람을 성장시킨다. 불안에 쫓기지 않고, 일을 통해 자신의 가능성을 확장하려는 마음은 작은 발견과 기쁨, 아쉬움까지도 배움으로 품는다. 두려움에서 출발한 완벽주의는 시야를 좁게 만들지만, 애정에서 비롯된 완벽주의는 더 깊고 넓은 시야를 열어 준다.

무엇보다 기억해야 할 것은, 완벽한 결과란 존재하지 않는다는 점이다. 어떤 결과도 보는 사람에 따라 호불호가 갈린다. 누구도 완전무결에 이를 수는 없지만, 일과 삶에 진심을 다해 몰두하는 태도는 사람의 마음을 움직인다. 진심이 담긴 순간, 일은 의무를 넘어 살아 있는 이야기로 변화한다.

이 과정에서 중요한 것은, 스스로 만족할 수 있는 기준을 세우는 일이다. 끝없는 완벽을 좇으면 아무리 좋은 결과를 내도 마음은 불안하고 허전하다. 자기 기준에 도달했을 때 스스로 만족을 선언할 수 있다면 심리적으로 자유로워진다. 이 기준은 외부의 평가가 아니라, 내 안의 목소리에 귀 기울일 때 비로소 세울 수 있다.

반복적인 일이라도 매번 새로운 시선으로 접근해야 한다. 작은 차이를 찾아내고, 오늘 떠오른 생각을 담으려는 노력은 똑같은 하루를 특별하게 만든다. 똑같은 동작이라도 마음을 어떻게 담느냐에 따라 완전히 달라진다. 그런 태도를 가진 사람은 일상 속에서도 감동을 만든다.

이러한 태도를 지속하는 것은 쉽지 않다. 어쩌면 타고난 사람만이 가진 능력이라 치부할 수 있다. 하지만 우리가 롤모델로 삼는 사람들도 처음부터 특별했던 것이 아니다. 그들은 수없이 반복하고 실패하는 시간을 견디며 좌절을 성공의 과정으로 받아들이고, 그 안에서 의미를 찾아내려 했다. 매번 넘어지고 다시 일어나는 순간들이 퇴적되어 자신만의 깊이를 만들어 냈다.

내 일에 대한 애착, 더 잘하고 싶은 마음, 매번 새롭게 접근하려는 노력. 이 세 가지가 쌓이면, 그것이 '장인 정신'이 된다. 이는 특별한 재능이 아니라 오늘도 새로운 마음으로 내 일을 사랑하고, 나를 믿으며, 반짝이는 눈으로 하루를 시작하는 사람에게 주어지는 고귀한 명예이다.

에필로그

이 책의 마지막 장을 덮는 지금, 여전히 고민스럽고 불안해 앞으로의 삶이 막막하게 느껴질 수 있습니다. 혹시 이 책에서 인생의 골칫거리를 단번에 해결해 줄 완벽한 한 문장을 기대했다면, 오히려 허무하게 느껴질 수도 있겠습니다.

이 책은 정답을 제시하지 않습니다. 대신 우리가 겪는 어려움의 이면에 있는 심리적 맥락을 함께 들여다보고자 했습니다. 무엇보다 중요한 것은 그 고민을 마주한 '나'라는 존재를 이해하는 것이었습니다. 그 이해를 바탕으로 삶의 여러 순간마다 자신을 돌아보고 다시 일어설 수 있도록, 문제 해결에 도움이 될 만한 명언들을 선별해 담았습니다.

물론 아무리 공들여 고른 문장이라고 해도, 여러분의 삶에 꼭 들어맞지 않을 수도 있습니다. 명언은 어디까지나 누군가가 남긴, 그들의 생각이고 경험일 뿐이니까요. 하지만 자신에 대한 이해가 깊어질수록, 그 명언이 전하는 의미는 더욱 강렬하고 풍성하게 다가옵니다. 삶의 방향을 스스로 설정하는 용기 또한, 내가 나로 살아갈 때 비로소 따라오는 법입니다. 그래서 이 책은 '좋은 삶이란 이런 것이다'라고 단정하지 않습니다. 어떤 정답을 규정하고 그에 따르기만 하면 삶이 나아질 거라는 식의 내용도 없습니다. 한 권의 책이 감히 누군가의 인생이 나아갈 방향을 결정해 줄 수는 없으니까요.

이 책은 유행하는 키워드를 조합해 화려한 문장력과 자신감 넘치는 말투로 일시적 인기를 얻고자 쓴 것이 아닙니다. 대신 비슷한 심리 성향을 가진 사람들이 공통적으로 겪는 고민을 분석하여, 각자가 자신다운 삶을 살아갈 방법을 스스로 찾을 수 있도록 돕는 데 초점을 맞추었습니다. 저 역시, 나답게 살기 위한 목표와 소명을 따라 이 이야기를 세상에 건네기 위해 애쓰고 있습니다.

만약 여러분이 이 책의 내용을 다른 사람과 나누고자 한다면, 이 책에서 사용된 단어나 용어, 또는 구체적인 근거에 지나치게 얽매이지 않아도 됩니다. 여러분이 느끼고 이해한 그대로, 자신만의 언어로 전달하는 데 집중하기를 권합니다.

이 책을 읽는 동안 '나는 어떤 사람인가?', '내가 진정으로 바라는 삶은 무엇인가?'에 대해 진지하게 생각해 보았다면, 그리고 '나답게 살고 싶다'라는 의지가 마음속에 움텄다면, 그 자체로 이 책은 충분히 의미 있는 역할을 했다고 믿습니다.

수백 년이 넘도록 회자되는 역사 속 현인도, 무에서 유를 이룬 혁신가도, 가장 가깝고 애틋한 사람도, 그 누구도 여러분의 삶을 대신 살아 줄 수는 없습니다. 우리는 그들의 말에서 위안을 얻고 힘을 빌릴 수는 있지만, 삶을 움직이는 진짜 힘은 언제나 나에게 있습니다.

이 책이 여러분의 삶 어딘가에서, 단단한 움직임의 작은 출발점이 되기를 진심으로 바랍니다.

참고문헌

1장

Asch, S. E. (1957). An experimental investigation of group influence. In Symposium on preventive and social psychiatry(pp. 15–17). Walter Reed Army Institute of Research Washington, DC.

Asch, S. E. (1951). Effects of group pressure upon the modification and distortion of judgments. In H. Guetzkow (Ed.), Groups, Leadership and Men (pp. 177–190). Pittsburgh: Carnegie Press

Bar-Gill, O. (2008). The law, economics and psychology of subprime mortgage contracts. Cornell L. Rev., 94, 1073.

Maslow, A. H. (1943). A Theory of Human Motivation. Psychological Review, 50(4), 370–396.

Festinger, L. (1954). A theory of social comparison processes. Human Relations, 7(2), 117–140.

Kessous, A., & Valette-Florence, P. (2019). "From Prada to Nada": Consumers and their luxury products: A contrast between second-hand and first-hand luxury products. Journal of Business Research, 102, 313–327.

Kivetz, R., Urminsky, O., & Zheng, Y. (2006). The goal-gradient hypothesis resurrected: Purchase acceleration, illusionary goal progress, and customer retention. Journal of Marketing Research, 43(1), 39–58.

Leibenstein, H. (1950). Bandwagon, snob, and Veblen effects in the theory of consumers' demand. The Quarterly Journal of Economics, 64(2), 183–207.

Molm, L. D., Schaefer, D. R., & Collett, J. L. (2007). The value of reciprocity. Social Psychology Quarterly, 70(2), 199–217.

Regan, D. T. (1971). Effects of a favor and liking on compliance. Journal of Experimental Social Psychology, 7(6), 627–639.

Sherif, M., & University of Oklahoma. Institute of Group Relations. (1961). Intergroup conflict and cooperation: The Robbers Cave experiment. Norman, OK: University Book Exchange.

Tajfel, H., & Turner, J. C. (1979). An integrative theory of intergroup conflict. In W. G. Austin & S. Worchel (Eds.), The social psychology of intergroup relations (pp. 33–47). Monterey, CA: Brooks/Cole.

2장

Bower, G. H., & Miller, N. E. (1960). Effects of amount of reward on strength of approach in an approach–avoidance conflict. Journal of Comparative and Physiological Psychology, 53(1), 59.

Burns, D. D. (1980). Feeling Good: The New Mood Therapy. New York: Signet.

Cuijpers, P., Van Straten, A., & Warmerdam, L. (2007). Behavioral activation treatments of depression: A meta-analysis. Clinical Psychology Review, 27(3), 318–326.

DeYoung, C. G., Quilty, L. C., & Peterson, J. B. (2007). Between facets and domains: 10 aspects of the Big Five. Journal of Personality and Social Psychology, 93(5), 880-896.

Dinas, P. C., Koutedakis, Y., & Flouris, A. D. (2011). Effects of exercise and physical activity on depression. Irish Journal of Medical Science, 180(2), 319–325.

Gilovich, T., Savitsky, K., & Medvec, V. H. (1998). The illusion of transparency: Biased assessments of others' ability to read one's emotional states. Journal of Personality and Social Psychology, 75(2), 332–346.

Harlow, H. F., & Zimmermann, R. R. (1959). Affectional response

in the infant monkey: Orphaned baby monkeys develop a strong
and persistent attachment to inanimate surrogate mothers. Science,
130(3373), 421–432.

Kanter, J. W., Manos, R. C., Bowe, W. M., Baruch, D. E., Busch, A. M., & Rusch, L. C. (2010). What is behavioral activation?: A review of the empirical literature. Clinical Psychology Review, 30(6), 608–620.

Rogers, C. R. (1977). Carl Rogers on Personal Power. New York: Delacorte Press.

3장

Adler, A. (2013). Understanding human nature (Psychology revivals). Routledge.

Allport, G. W. (1937). The functional autonomy of motives. In Personality: A Psychological Interpretation (pp. 220–239). New York: Holt.

Ansbacher, H. L., & Ansbacher, R. R. (1964). The Individual Psychology of Alfred Adler. New York: Harper & Row.

Brainerd, C. J., & Reyna, V. F. (1990). Gist is the grist: Fuzzy-trace theory and the new intuitionism. Developmental Review, 10(1), 3–47.

Csikszentmihalyi, M. (1997). Creativity: Flow and the Psychology of Discovery and Invention. New York: HarperPerennial.

Frankl, V. E. (1985). Man's search for meaning. Simon and Schuster.

Langer, E. J., & Rodin, J. (1976). The effects of choice and enhanced personal responsibility for the aged: A field experiment in an institutional setting. Journal of Personality and Social Psychology, 34(2), 191-198.

Kozlowski, S. W. J., & Ilgen, D. R. (2006). Enhancing the effectiveness of work groups and teams. Psychological Science in the Public Interest, 7(3), 77–124.

MacDonald, R., Byrne, C., & Carlton, L. (2006). Creativity and flow in musical composition: An empirical investigation. Psychology of Music, 34, 292–306.
9. Ray Waldron. (2024). Are you a big picture thinker or detail-oriented? https://www.quickbase.com/blog/are-you-a-big-picture-thinker-or-detail-oriented
Zimmermann, J., & Neyer, F. J. (2013). Do we become a different person when hitting the road? Personality development of sojourners. Journal of Personality and Social Psychology, 105(3), 515-530.

4장

Bakker, A. B., Demerouti, E., & ten Brummelhuis, L. L. (2012). Work engagement, performance, and active learning: The role of conscientiousness. Journal of Vocational Behavior, 80(2), 555 – 564.
Burgess, A., & DiBartolo, P. (2016). Anxiety and perfectionism: Relationships, mechanisms, and conditions. In F. M. Sirois & D. S. Molnar (Eds.), Perfectionism, Health, and Well-Being (pp. 177 – 203). Springer.
Chang, E., Lee, A., Byeon, E., & Lee, S. M. (2015). Role of motivation in the relation between perfectionism and academic burnout in Korean students. Personality and Individual Differences, 82, 221 – 226.
Dunkley, D. M., Blankstein, K. R., & Berg, J. L. (2012). Perfectionism dimensions and the five-factor model of personality. European Journal of Personality, 26(3), 233 – 244.
Langer, E. J., & Rodin, J. (1976). The effects of choice and enhanced personal responsibility for the aged: A field experiment in an institutional setting. Journal of Personality and Social Psychology, 34(2), 191 – 198
Kruger, J., & Gilovich, T. (2004). Actions, intentions, and self-

assessment: The road to self-enhancement is paved with good intentions. Personality and Social Psychology Bulletin, 30(3), 328–339.

Landsman, M., Escamilla, G., & Matyas, J. (2023). Test anxiety and perfectionism. Journal of Student Research, 12(3).

Yerkes, R. M., & Dodson, J. D. (1908). The relation of strength of stimulus to rapidity of habit-formation. Journal of Comparative Neurology and Psychology, 18(5), 459–482.

착하고
섬세하고
독특하고
완벽주의자인

당신을 위한 문장들

1판 1쇄 발행 2025년 8월 20일
1판 2쇄 발행 2025년 9월 26일

지은이 황준선
펴낸이 김영곤
펴낸곳 (주)북이십일 21세기북스

TF팀 팀장 김종민
기획편집 한이슬 **마케팅** 정성은, 김지선
영업팀 정지은, 한충희, 남정한, 장철용, 강경남, 황성진, 김도연, 이민재
제작팀 이영민, 권경민
편집 신대리라 **디자인** 박지영

출판등록 2000년 5월 6일 제406-2003-061호
주소 (우 10881) 경기도 파주시 회동길 201(문발동)
대표전화 031-955-2100 **팩스** 031-955-2151 **이메일** book21@book21.co.kr

ISBN 979-11-7357-193-0 (03180)

(주)북이십일 경계를 허무는 콘텐츠 리더

21세기북스 채널에서 도서 정보와 다양한 영상자료, 이벤트를 만나세요!
페이스북 facebook.com/21cbooks **포스트** post.naver.com/21c_editors
인스타그램 instagram.com/jiinpill21 **홈페이지** www.book21.com
유튜브 youtube.com/book21pub

- 책값은 뒤표지에 있습니다.
- 이 책 내용의 일부 또는 전부를 재사용하려면 반드시 ㈜북이십일의 동의를 얻어야 합니다.
- 잘못 만들어진 책은 구입하신 서점에서 교환해드립니다.

대한민국 행복의 패러다임을 바꾼 문제적 베스트셀러

행복의 기원

어떻게 하면 행복하게 살 수 있을까?
진화생물학으로 추적하는 인간 행복의 기원

서은국 지음 | 값 22,000원 | 236쪽

우리가 꿈꾸는 시대를 위한 철학의 힘

탁월한 사유의 시선

생각의 노예에서 생각의 주인으로!
철학 없는 시대를 위한 최진석 교수의 생각 혁명

최진석 지음 | 값 22,000원 | 284쪽

세상의 시선에서 자유로워지는 자기중심적 행복론

행복한 이기주의자

세계 1% 리더들이 존경하는 심리학자 웨인 다이어가 알려주는
세상의 시선으로부터 자유로워지는 법

웨인 다이어 지음 | 오현정 옮김 | 값 19,800원 | 280쪽

인생을 경쾌한 성공으로 이끄는 성장 심리학

마음 지구력

상처받고 포기하는 유리 멘털에서
유연하고 끈질긴 긍정성으로 변화하는 셀프 회복의 기술

윤홍균 지음 | 값 22,000원 | 332쪽